直面衝擊

中 國

經 濟 學 家

建 言

劉偉 _____ 主編

責任編輯	龍　田
書籍設計	道　轍
書籍排版	楊　錄

書　　名	**直面衝擊：中國經濟學家建言**
主　　編	劉　偉
出　　版	三聯書店（香港）有限公司 香港北角英皇道 499 號北角工業大廈 20 樓 Joint Publishing (H.K.) Co., Ltd. 20/F., North Point Industrial Building, 499 King's Road, North Point, Hong Kong
香港發行	香港聯合書刊物流有限公司 香港新界荃灣德士古道 220-248 號 16 樓
版　　次	2022 年 11 月香港第一版第一次印刷
規　　格	大 32 開（140 mm × 210 mm）304 面
國際書號	ISBN 978-962-04-5094-5

© 2022 Joint Publishing (H.K.) Co., Ltd.

Published in Hong Kong, China.

前　言

　　新冠肺炎疫情對中國乃至世界經濟的影響不言而喻。在這不確定的時代，影響經濟社會發展的即使沒有新冠肺炎疫情，也會有其他各種各樣的"黑天鵝"。全球經濟規模和產業分工，達到了前所未有的程度。全球經濟秩序亟須重塑，面臨的挑戰前所未有。而中國經濟規模已列世界第二，人均 GDP 超過 1 萬美元，中國經濟參與全球分工的規模和深度遠超想像，中國企業在全球產業鏈艱難攀登，內外部壓力加劇，各種衝突在所難免。

　　這是空前尖銳的挑戰。經濟學，乃經世濟民之學。中國經濟學者，具有深切的憂患意識，要將論文寫在祖國的大地上，將學術刻在祖國的歷史裏。面對新冠肺炎疫情的防控，我們組織了 60 餘位來自全國不同高校、科研院所、企業的經濟學家，從各自的專長領域出發，面對疫情形成的挑戰，立足國家發展戰略和大局，結合中國國內和國際環境的變化，為中國經濟建言獻策。

　　60 位經濟學家的文章分為四篇：戰略謀劃篇、運行調控篇、數字經濟篇、全球分工篇。戰略謀劃篇突出對整個國家戰略、國家治理、中國經濟社會形勢的分析、判斷和政策建議；運行調控篇強調具體產業的發展和具體政策的實施，比如製造業、民生產業、醫療衛生產業、服務業的高質量發展，以及財政政策、貨幣金融政策等調控政策的具體建議；數字經濟篇反映了信息技術和製造技術融合發展，數字經濟和數字技術的最新發展，以及整個經濟社會的數字化轉型；全球分工篇立足全球產業價值鏈，深度思考在全球產業分工中，中國經濟的地位、定位及發展策略。

同一命題，不同視角。各個專家思想的碰撞，希望能對中國經濟問題的學習和研究、中國經濟政策的制定有所幫助。由於時間比較倉促，其中觀點和建議的疏漏在所難免，敬請讀者批評指正。

劉　偉

目　錄

──────────── **運行調控篇** ────────────

—————————— **數字經濟篇** ——————————

全球分工篇

戰略謀劃篇

堅決打贏防疫戰，
全面實現經濟社會發展目標

劉　偉

教授、博士生導師，原中國人民大學黨委副書記、校長。兼任國務院學位委員會委員、教育部高等學校經濟學類專業教學指導委員會主任委員。中國人民政治協商會議第十三屆全國委員會常務委員，中國人民政協理論研究會第三屆理事會副會長。主要學術研究領域：政治經濟學中的社會主義經濟理論、制度經濟學中的轉軌經濟理論、發展經濟學中的產業結構演變理論、以及經濟增長和企業產權等。

一、新冠肺炎疫情對中國宏觀經濟的影響

疫情對中國和全球經濟造成巨大影響。自疫情爆發以來，世界主要國際機構、各國政府與金融機構都在不斷調整疫情下經濟增長的預期，而且存在較大分歧。2020 年第一季度宏觀經濟運行情況，不僅對中國下一步制定經濟政策有重要的參考價值，也對全球具有重要借鑒意義。

要正視疫情對經濟增長造成的影響。受疫情影響，中國2020 年第一季度 GDP 同比下降 6.8%，這是自改革開放以來最低

的季度增幅。其中第二產業和第三產業受到較大影響，分別下降9.6% 和 5.2%，第三產業的下降幅度低於第二產業。從總需求來看，消費品零售總額和固定資產投資分別下降 19% 和 16.1%。這表明疫情對中國經濟的供給和需求都造成了較大影響。

應該看到，疫情的影響是世界性的，對各國經濟都造成了沉重打擊。由於中國政府對疫情高度重視，在爆發初期就採取了堅決果斷的防控措施，無論是疫情爆發程度還是對經濟增長的影響，在全球都是相對較低的。從國際貨幣基金組織（IMF）公佈的最新經濟預測來看，2020 年全球經濟將下降 3%，其中發達經濟體下降幅度將達到 6.1%，美國下降 5.9%、歐盟下降 7.1%；新興市場和發展中經濟體將下降 1%；對中國的預測是增長 1.2%。同時，IMF 預測 2021 年中國經濟將增長 9.2%。不管 IMF 預測的精確度如何，可以發現，國際社會對疫情對中國經濟衝擊相對較小是有基本共識的。疫情結束之後，中國經濟也將率先復甦。

就業等民生問題是在抗擊疫情中需要特別關注的問題。2020 年 3 月份，中國城鎮調查失業率為 5.9%，比 2 月份下降了 0.3 個百分點。應該注意到，這個數據並不包含農村就業人口和農民工，全社會面臨的就業形勢可能更加嚴峻。隨著國外疫情的加劇，中國正面臨著全球經濟衰退所產生的影響，就業壓力還可能持續一段時間。解決就業等民生問題是維護經濟穩定的重點，也是中國需要特別關注的地方。

預計 2020 年總供給的自然增速為 0.36%，總需求的自然增速為 2.1%～3.5%。由於兩者的增速都是正的，所以供求兩方面都是促進經濟增長的；但 GDP 的自然增速取決於總需求曲線和總供給曲線的彈性。如果兩者的彈性均不為 0，那麼 GDP 的自然增速最低為總供給的自然增速 0.36%，最高為總供給自然增速與總需求自然增速之和，即 2.46%～3.86%。

疫情會從兩方面影響 2020 年全國 CPI 的自然走勢：（1）疫情導致食品供給擾動，特別是打斷了豬肉擴產週期，CPI 將顯著上升；（2）疫情結束後，由於消費餐飲需求後置，CPI 將繼續上揚。預計疫情後，2020 年 CPI 的自然上漲率為 5.6% 左右。

要實現原來預定的經濟社會發展目標任務要求，2020 年的經濟增長目標要儘可能穩定在 5.5%～6.0% 之間。但是，按照測算，2020 年中國經濟的自然增速最高只有 2.46%～3.86%，所以，要實現原來預定的 6% 左右的增速，需要採取的擴張性政策力度會非常大，同時也要調整 2020 年經濟增速目標的波動區間，合理確定穩增長必保的下限和力爭的上限。原定增速目標為 6.0%，已不現實，應當適度調整經濟增速區間，以穩就業為首要，加大 "六穩" 力度，力爭實現 "六保" 目標，採取 "底線管理"。CPI 上漲率政策目標應該是 5.0% 以下。鑒於 2020 年的經濟形勢，CPI 自然上漲率（沒有政策作用下的）為 5.6% 左右，繼續維持 3.0% 以下的 CPI 上漲率已經不太現實。

二、新冠肺炎疫情不會改變中國經濟長期向好的趨勢

雖然新冠肺炎疫情給中國經濟運行帶來了較大的短期影響，但疫情衝擊本質上是外生的、暫時性的，不會改變中國經濟長期向好的趨勢。

1. 疫情不會改變影響國家中長期發展趨勢和生產能力的主要決定因素

一是資本存量不會因為疫情而消失，資本積累速度更不會因為短期的疫情衝擊而發生根本性變化。

二是勞動力及其人力資本積累。這次疫情造成的死亡數據確實令人痛心，但已將死亡率控制在較低水平，因此疫情對勞動力市場及人力資源積累的影響是短暫的。

三是技術進步以及資源配置效率的改進。從歷史上看，人類技術進步從未因疫情而中斷或弱化，反而會刺激人們更加重視技術創新，投入更多公共衛生和城市基礎建設。通過這次疫情大考，更加精準地補短板、堵漏洞、強弱項，更大力度地進行制度改革和體制創新，提高資源配置效率，培育壯大新的經濟增長點，這在很大程度上能夠化"危"為"機"，提升經濟潛在增長率，加快邁向高質量發展的軌道。

2. 中國經濟具有強大的韌性和巨大的發展潛力，疫情過後消費和投資需求有望實現明顯回補

一是超大規模的市場優勢，將持續釋放強大需求拉動力。2019 年中國 GDP 達到近 100 萬億元，人均 GDP 突破 1 萬美元，常住人口城鎮化率突破 60%，城鎮人口達到 8.5 億，居民恩格爾係數降至 28.2%。需求總量快速擴大，消費結構持續升級，社會消費品零售總額 2019 年已超過 41 萬億元，成為超過美國的世界第一大國內消費品市場。同時，未來 30 年中國至少還有 30% 的人口即約 4.2 億人將要實現城鎮化，平均每年新增城鎮人口約 1 400 萬。中國不僅是"世界工廠"，也是"世界市場"，未來更有可能發展成為"世界創新中心"，不斷成長和升級的國內需求是中國經濟抵禦疫情衝擊的有力保障。

二是以創新研發為基礎的日益成熟的產業體系，持續打造經濟核心競爭力。

三是以要素市場化為基礎的改革開放，將持續激發市場活力和增長潛能。目前，中國在要素市場化方面還存在很多改善空

間，通過大力推進市場化改革和擴大對外開放，完善市場化、法治化、便利化的營商環境，有望持續提高資源配置效率和全要素生產率。

四是進入新常態以來，經濟發展新動能持續提升，新動能指數（包括網絡經濟指數、經濟活力指數、創新驅動指數、知識能力指數、轉型升級指數等五類）逐年提高，2015—2017 年逐年分別上升 23.5%、26.9%、34.1%。[①]

3. 日益成熟的宏觀調控體系和充足的宏觀政策空間，能夠有力地抵禦疫情短期衝擊

改革開放以來，通過不斷創新和完善宏觀調控體系，中國調控目標更加注重結構調整和經濟效率，調控工具更加多元，調控經驗更加豐富，調控力度和調控方向更加精準。目前，總體較低的政府負債率為更好地穩定就業、改善民生及擴大基建支出預留了財政政策空間，溫和的核心 CPI 漲幅、PPI 跌幅和"全球降息潮"為穩健貨幣政策創造了有利的內外部空間。因此，可以加大宏觀政策調節力度，提高其逆週期調節的作用，以有效對沖疫情影響。一方面，使積極的財政政策更加積極有為，特別是落實並進一步提高減稅降費政策力度；另一方面，穩健的貨幣政策要更加注重靈活適度，特別是支持實體經濟恢復和發展。保障經濟運行處於合理區間，防止短期衝擊演變成趨勢性變化。[②] 通過加強宏觀政策的逆週期調節功能，中國完全有能力應對各種風險挑戰，保持全年經濟的平穩運行。

---

① 國家統計局統計科學研究所。

② 習近平. 在統籌推進新冠肺炎疫情防控和經濟社會發展工作部署會議上的講話. 人民日報，2020-02-24.

中國發展理念的轉型與構建

徐佳賓

中國人民大學產業經濟教授、博士生導師。國家製造強國建設戰略諮詢委員會首批委員，中國國際貿易促進委員會專家委員會首批委員，中國工業經濟管理智庫首批專家委員。主要研究方向：產業結構、產業創新與全球產業鏈。曾參加《工業轉型升級規劃》《中國製造2025》等國家製造強國戰略規劃的研究制定。

　　2020年注定是中國經濟社會發展的不平凡之年。2019年中國人均收入超過1萬美元，經濟增長正式邁入中高收入階段。這次爆發的新冠肺炎疫情，正是對中國經濟社會發展的一次檢驗。疫情的爆發，是中國經濟社會發展進入特定發展轉折期，偶然因素和必然因素綜合作用的結果。

　　從偶然因素看，表象為在特定的時間空間，有的人為了口舌之快而品嚐野味，實際上是對自然生態規律的大不敬。敬畏自然，萬物共生，是人類應該尊崇的信仰。人類的社會經濟活動存在於自然生態系統中，社會經濟活動必須遵循自然生態的和諧共生規律。

　　從必然因素看，中國人均收入邁入中高收入階段以後，原有經濟增長方式已不適應新的發展階段。自然生態系統已經無法承受原有增長方式帶來的對自然資源的過度消耗和生態環境的嚴重污染。摒棄原有增長方式，形成新型增長方式，成為經濟發展的應有之義。

經濟發展，不僅是經濟規模的擴大、經濟結構的優化，而且是整體素質的普遍提升、福利水平的普遍獲得。因而，經濟發展不僅是為了提升人類經濟活動的水平，而且是為了提升人類經濟—社會—生態的整體和諧水平。因此，這次疫情是對中國進入新的發展階段的一次檢驗。

一是發展理念的檢驗。發展是為了人民，讓人民普遍福祉水平得到提升；發展是全面的發展，是經濟、社會、生態等各方面的發展；發展是普遍的發展，是全體人民經濟水平、社會素養、生態意識、文化教養的普遍提升。因此，發展不僅是經濟的發展，而且是社會的發展、生態的發展、文化的發展。作為後發國家，在發展的較低階段更為關注經濟發展水平，關注人民的基本需求，在進入發展的更高階段，應更關注經濟、社會、生態等發展水平的和諧，更好地滿足人民對發展的需求。堅持為了人民發展的新理念，識別發展短板，挖掘發展潛力。

二是治理能力的檢驗。國家治理能力是運用國家制度管理社會各方面事務的綜合能力，包括經濟、社會、文化、生態等各領域體制機制的制度安排。國家治理能力的水平，體現在能否不斷地將中國特色的制度優勢轉換為國家治理效能。當前，中國正處在全球產業變革和科技革命的交匯機遇期，準確識變、科學應變、主動求變，是對中國治理能力能否正確應對發展中挑戰的考驗。凡是抓住這次機遇的地方政府，都能熟練地運用產業變革和科技革命的交匯產生的新技術、新業態、新模式的成果，運用大數據、人工智能、雲計算等數字技術，提升在疫情監測、信息分享、防控救治、物資調配、公眾溝通、輿論引導等方面政府治理的應對能力。

三是經濟體系的檢驗。目前，中國經濟發展方式處在轉變過程之中，製造技術和信息數字技術正在加速融合，表現為經濟活動中實體經濟和數字經濟的融合發展。製造技術和信息數字技術的融合，會提升整個經濟體系的產業鏈運行的彈性。這次疫情是對實體經濟與數字經濟的融合程度進行的一次檢驗，不僅檢驗了實體經濟與數字經濟融合的規模，而且檢驗了實體經濟與數字經濟融合的質量。通常數字經濟和實體經濟融合程度越高，則經濟體系應對外部需求衝擊的彈性就越強。國民經濟體系的產業鏈彈性，體現在面對外部突發的重大需求衝擊時，國民經濟體系內的產業鏈能在短時間內形成相應產業的供給能力，從而有效應對相關產業需求的大幅提升，反映了整個國家工業化和信息化融合的水平。這種信息數字技術和製造技術融合形成的產業鏈彈性，體現為產業鏈各個環節的整合對突發需求、產能調度、供求對接的響應能力。這次疫情為中國檢驗經濟體系的數字化水平提供了窗口，也為整個國民經濟體系提升產業鏈運行彈性提供了機遇。

四是產業基礎的檢驗。一國產業基礎能力是否雄厚，直接體現在該國生活和生產物資的保障程度上。中國產業體系獨立完整，產能巨大，門類齊全，但只有面對外部衝擊後有效釋放產能，才能顯現出產業基礎能力的韌性。中國產業基礎能力處在產業鏈的中低端，是和滿足基本的生活與生產物資的需求相適應的。這種保障基本物質資料資源充足的能力，能夠有效化解外部衝擊對正常經濟活動造成的影響。製造業作為中國產業基礎的重要的實體部分，決定了生產資料和生活資料釋放有效產能的水平，因而，中國獨立完整、緊密關聯的現代化工業體系，造就了中國具有相當韌性的協同生產製造能力。中國的製造業鏈條變得如此有韌性，主要是依靠產業之間的整合能力。這次疫情防控中醫療物資供應保障的缺口很快得到彌補，很大程度上得益於製造業柔性化的響應能力。

五是全球分工的考驗。中國經濟的發展，很大程度上得益於參與全球經濟。目前全球產業分工是通過全球人員和貨物的自由流動實現全球經濟的有效運行。全球化產品製造的最有效方式，是利用橫跨全球的產業鏈尋找廉價的勞動和資金。然而，新冠肺炎會限制人員和貨物的自由流動，限制要素和產品在全球流動。目前全球化方式，是以加速全球人員和貨物規模化流動，通過全球網絡優勢分工節約物流成本，實現全球產業端到端的分工目的；而疫情對全球化造成的影響是，阻隔人員和貨物接觸的頻率和接觸的範圍，通過形成以區域為中心的產業分工來節約物流成本，形成分佈式的全球分工體系。中國是目前全球產業分工網絡的重要節點，而疫情引發的新分工方式正考驗著中國在亞太地區產業分工中的領導地位。

這次疫情是對中國經濟發展的一次重要考驗。我認為應該加強以下方面的認識：

（1）充分發揮中國的制度優勢。這種優勢體現在能靈活地發揮政府作用和市場作用。對於事關經濟安全和國防安全的產業領域，由國家領銜實施"突破工程"；關鍵共性技術領域，發揮政府和市場相結合優勢，實施由點及面的"鏈式工程"；面廣量大的細分產業領域，應該發揮市場機制的優勢，實施"專精特優"工程，從而形成既有彈性又有韌性的現代化產業體系。

（2）在全社會形成製造立國的理念。這次疫情充分顯示，製造業是國民經濟的基礎，是技術創新的源泉。中國製造業絕大多數是傳統產業，紡織、家電更是在全球處於領先水平。要以智能製造為主攻方向，加強傳統製造業的技術改造。通過製造業和信息業的融合，重塑傳統製造業的技術體系和生產模式。製造業在國民經濟中的份額保持在 25% 以上，整個國民經濟體系的產業鏈條才能安全可靠。

（3）培育數字經濟成為新型的經濟形態。這次疫情充分反映了數字技術在公共衛生領域中發揮的早期預警、在線診斷、資源調度、物資配送、方案優化等作用，數字經濟將持續深度滲透融合到經濟社會所有領域。作為數字經濟的重要基礎設施，雲計算數據中心建設將成為投資重點。產業數字化、生活智慧化、治理精準化進入新階段，產業互聯網將成為數字化升級的重要發展方向。智慧城市、政務服務、社區管理的大規模數字化改造，將形成 "數據 + 應用 + 平台" 的完整生態。社交平台與電商平台加快相互滲透，線上品牌營銷成為重要的交易方式。在線的專家資源與泛在的連接能力，保證了在線教育培訓的內容質量和高效傳播。數字技術可以提高生產與運營的柔性，幫助企業更高效地應對需求變動的趨勢。

（4）加強全球產業鏈的協同。中國的產業在全球產業鏈上處於重要的節點，為全球產業鏈運轉提供大量中間產品。疫情衝擊導致中國企業在產業鏈的某些環節停擺，則會導致上下游部分企業無法正常運轉。製造業產業鏈呈現全球化產業分工，同時與當地的配套產業相互關聯。中國應注重全球產業鏈生態系統的建立，加強與供應商、渠道和客戶的夥伴關係。加強區域之間上下游環節的產銷對接，推動產業鏈上下游環節產能協調。加強各國產能供需信息的溝通與合作，推動建立疫情防控下的產業鏈產能協調多邊合作體系。

（5）造就中國高端的產業分析專家。分析、研判全球和國家的重大政治經濟走勢，必須要有戰略眼光和深厚的底蘊，立足本國、放眼全球，進行大勢和大道的判斷。這些產業學家，要深諳產業變革之勢、技術進步之力、社會變革之道，既洞察細枝末節又摒棄細枝末節，突破現實的條框限制，用全球和全局的眼光，客觀研判全局走勢和面臨的風險，他們不是智庫勝過智庫，為國家和民族謀未來。

新冠肺炎疫情的挑戰

余永定

中國社會科學院學部委員，國家發展和改革委員會國家規劃顧問委員會委員。曾任中國社會科學院世界經濟與政治研究所所長、中國世界經濟學會會長、外交部外交政策諮詢委員會委員、中國人民銀行貨幣政策委員會委員。

主要研究領域：國際金融、中國經濟增長和宏觀經濟穩定問題。

經過全國人民的努力，特別是醫護人員的奮鬥與犧牲，中國的疫情基本得到控制，全國的經濟活動正在逐步恢復正常。似乎可以說恢復生產已經成為矛盾的主要方面。儘管如此，為不使疫情出現反彈，我們依然不能有絲毫懈怠。

第一，目前我們在疫情控制方面的最主要威脅是新冠肺炎的外部輸入。世界範圍內的疫情正在急劇惡化，許多國家的疫情有失控的危險。在這種情況下，中國必須把防止疫情輸入放在十分突出的地位。中國政府必須為應付大量海外華人回國"避疫"做好充分準備。中國邊境口岸的檢疫工作或許需要進一步加強。為了防止國際疫情蔓延，我們可能不得不採取一些非常措施。

第二，到目前為止新冠肺炎疫情對中國經濟的主要衝擊是人流、物流、資金流中斷導致的生產活動停頓。從宏觀經濟學角度來看，中國遭受的主要是供給面衝擊，在目前階段我們的工作重心還不是刺激有效需求，而是幫助企業特別是中小企業恢復正常營運。新冠肺炎疫情對經濟的衝擊同戰爭、地震海嘯之類自然災害對經濟的衝擊不同。雖然我們的經濟機器停止運轉，但經濟機器本身並沒有遭到破壞。由於經濟機器停轉，作為機器運轉潤滑油的金融鏈條遭到了破壞。債務無法償還、利息和租金無法支付、工資發放和各種稅費的上繳出現困難。在正常情況下，這些問題會導致違約、清償、破產的發生。在非常時期必須採用非常手段。其中值得注意的問題包括：

（1）商業銀行和其他金融機構對實體經濟行業應加大金融支持。不抽貸不壓貸，延長還款免息期，對受疫情影響的客戶適當提高風險容忍度，對需要加大生產的醫藥防護企業提高審批效率，加大貸款支持。

（2）企業的損失由全社會共同分擔，即企業、員工、金融機構、政府共同分擔。其中收入越高、財產越多者應該承擔更多的責任。與此同時，企業、個人也需要分擔一定的損失，以避免道德風險。

（3）由於出現不可抗力，所有有關契約可以統一修改。例如，本應該在2月份支付的利息、租金推遲到由國家統一規定的某一時點再行支付。在修改契約時，我們可以假設在日曆上並不存在1月份、2月份、3月份等。

（4）既要保護債權人的利益，也要保護債務人的利益。在此非常時期，必須主要保護債務人、生產者的利益。

第三，既然疫情主要衝擊供給，對一些宏觀經濟現象的處理和應對就會有所不同。例如，由於生產過程的中斷、供給的減少，在需求不變的情況下，物價肯定會上升。我們必須容忍一定程度的物價上漲（囤積居奇不在此列），而不能採取緊縮性宏觀經濟政策來應對。與此同時，央行必須保證貨幣政策足夠寬鬆，這樣才能使商業銀行更好地幫助企業渡過難關。

第四，在生產全面恢復之後，政府必須採取具有足夠力度的擴張性財政、貨幣政策，特別是擴張性財政政策。擴張性財政政策的重點應該是通過增加財政支出支持基礎設施投資。新冠肺炎的流行進一步說明，中國公共衛生部門基礎投資嚴重不足，未來的財政、貨幣政策，不管是否再以經濟增速 6% 為目標，必須比疫情爆發之前更加寬鬆、更具擴張性。這裏有兩點應該注意：其一，增加公共開支的主要資金來源應該是中央財政；其二，基礎設施投資項目必須經過嚴格論證，地方政府在基礎設施投資過程中的作用必須嚴格規範，既不能搞政績工程，也不能懶政、怠政。

第五，這次疫情有可能引起一場嚴重的全球經濟危機。在疫情爆發之前，在經歷了歷史上時間最長的增長期後，美國經濟增長已經顯示種種頹勢；貿易戰已經引起對全球產業鏈是否能夠維持的擔心。而這場全球性疫情可能是壓倒駱駝的最後一根稻草。此前是美國想把中國踢出全球產業鏈；現在看來，中國倒是應該好好考慮自己應該如何處理好獨立自主和參加國際分工之間的關係。中國當然不應該主動退出全球產業鏈，但中國也需要明確，當全球性災難降臨時，除了自己，沒人會救你。中國必須考慮糧食、能源安全，必須做到當外部供應被切斷之後，中國依然能夠生存。在此次疫情之後，世界經濟有可能進入一個去全球化、全球價值鏈局部脫鈎或區域化的過程。過長的產業鏈可以提高生產效率，但同時增加了風險。世界各國必須在全球化和獨立自主

之間找到某種平衡。在這個過程中，中國可能會顯示出它的特有
優勢。在關鍵產業的建立、關鍵產品的生產上中國必須做到獨立
自主。

疫情對中國經濟運行影響的
基本判斷與應對策略

臧旭恆

山東大學特聘教授、博士生導師，消費與發展研究所所長，產業經濟研究所所長，《產業經濟評論》主編，國家重點學科產業經濟學首席學科帶頭人。中國消費經濟研究會副會長，中國經濟發展研究會副會長。曾任山東大學經濟學院院長。

習近平 2020 年 2 月 23 日在統籌推進新冠肺炎疫情防控和經濟社會發展工作部署會議上的講話中指出，中國經濟長期向好的基本面沒有改變，疫情的衝擊是短期的、總體上是可控的，只要我們變壓力為動力、善於化危為機，有序恢復生產生活秩序，強化"六穩"舉措，加大政策調節力度，把中國發展的巨大潛力和強大動能充分釋放出來，就能夠實現今年經濟社會發展目標任務。

習近平的這段話包含了大量信息，最基本的是：表達了中國政府對這次疫情影響中國經濟短期和長期發展的基本判斷以及應對策略。基於此，我們可以從"基本判斷"和"應對策略"兩個方面分析疫情對中國經濟運行的影響。基本判斷包括四點：經濟長期向好的基本面沒有改變；疫情的衝擊是短期的、總體上是可控的；要把中國發展的巨大潛力和強大動能充分釋放；能夠實現今年經濟社會發展目標任務。應對策略也是四點：變壓力為動力、善於化危為機；有序恢復生產生活秩序；強化“六穩”舉措；加大政策調節力度。

以下從“基本判斷”和“應對策略”兩個方面詳細分析疫情對中國經濟運行的影響。

一、關於基本判斷

應該說，疫情突發對中國經濟的衝擊是巨大的，短期內造成的破壞性損失也是不容低估的。另外，疫情在世界主要經濟體的擴散、爆發對全球經濟和中國經濟的短期衝擊已經顯現，世界主要經濟體的經濟運行已經做出很強反應，如全球主要股票市場的大幅連續下跌。基於疫情的突發性和嚴重性，國內外高級諮詢機構如世界銀行和大多數經濟學家在調低 2020 年全球、區域和國度經濟產出指標（包括中國的），這一點上沒有太大分歧。我也持這種觀點。但是，需要進一步分析的是，疫情對中國經濟運行影響的程度如何。

（1）從目前看，年度經濟產出增速的降低基本上是確定的。

（2）關鍵是如何估計降低的幅度。這一點目前還不能完全確定。能夠確定的是，第一季度由於疫情爆發的影響，經濟產出增速將大大低於 2019 年同期（注意：從 1 月 23 日武漢封城起，到 3 月初開始復工止，第一季度三個月中有近 1 個半月即第一季度的一半時間，除極少數絕對不能停工停產的特殊行業企業外，全國各行各業全面停工停產。尤其是每年這個時期處於一年之中旺季的商業零售業、餐飲服務業、旅遊業、交通運輸業等損失慘重。即使扣除每年都有的 7 天春節假期，仍有 1 個多月處於停工停產狀態）。第二季度由於中國疫情的滯後影響和全球其他國家尤其是世界主要經濟體疫情在 3 月初出乎意料的爆發，情況仍不容樂觀，有可能導致整個上半年的經濟產出增速嚴重下滑。需要著重指出並不得不引起我們高度重視的是：中國疫情的走向大體上已經能夠看出眉目，但是全球其他國家的疫情擴散以及防控形勢還不完全明朗。也就是說，其他國家，尤其是與中國經濟關係密切、同時為世界主要經濟體的國家（如美國、日本、韓國、意大利、德國、伊朗等）的疫情，對全球經濟以及中國經濟產出影響的大小，目前還不好判斷。我個人認為，可以分成三種情況，並形成我們的估計：

如果其他國家能夠像中國一樣迅速、有效地控制住疫情，疫情對經濟產出增速的影響最小，大約在原來正常態勢下降低 0.1～0.2 個百分點。

如果不能像中國一樣迅速有效行動，而是略有滯後但不太長（譬如 1～3 個月），疫情對經濟產出增速的影響要大一些，視滯後時間長短，大約為 0.3～1 個百分點。

最壞的情況是，除中國外，世界其他主要經濟體的疫情失控，直接導致全球經濟崩潰，經濟危機爆發。這種極端情況對中國經濟的影響是很大的和不可估量的，畢竟中國經濟已經與世界經濟密不可分。根據麥肯錫全球研究院關於中國的最新研究報告，在該諮詢機構分析的世界 186 個國家中，中國是 33 個國家的第一大出口目的地，是 65 個國家的第一大進口來源地，是第二大全球服務進口國、第二大外商直接投資來源國、第二大外商直接投資目的地國。

在這三種可能的情況中，我個人認為，第二種即中間情況最有可能。疫情對中國經濟產出增速的影響大約在 0.3～1 個百分點。中國經濟將在 2020 年第二季度基本上恢復正常運行，在下半年視所採取各項政策的強弱產生一定程度的反彈。全年經濟產出增速趨於疫情衝擊影響區間 0.3～1 個百分點的極小值。因此，我們應該基於中間情況判斷形勢和採取相應的對策。當然，要指出的是，以上分析的基本前提是：世界各國能夠大體上保持克制，相互支持；政府高度重視，全力和強力介入；疫情控制後迅速恢復正常生活和生產；出台相應的積極應對策略。

結論是：在最可能發生的中間情況下，疫情對中國經濟的衝擊是短期的，總體上是可控的。

（3）關於能夠實現今年經濟社會發展目標任務，主要是從 GDP 即經濟產出總量增長速度的角度進行分析。我們知道，2020 年的經濟增長目標像往年一樣，是一個區間值，如 5.6%～6.1%，這個區間值的上下幅度一般為 0.5 個百分點。如果以 2019 年經濟實際增速 6.1% 為基點，上下在 0.5 個百分點浮動，即在 5.6%～6.6% 區間。綜合上面提出的第一種和第二種情況，疫情對中國 GDP 增長的影響，從大區間看，在 0.1～1 個百分點區間內趨於最小值。這樣，應該能夠落在 2020 年目標的區間內，即從 GDP 增速看能夠實現全年經濟社會發展的目標。實際上，我個人更看重如何在 2020 年剩餘的時間內，把疫情突發對中國經濟的負面影響盡量最小化，其中的一些相對較正面影響最大化。這就是 "化危為機" 的一個基本含義。當然，還有其他一些更深層次的含義。

（4）至於中國經濟長期向好的基本面沒有改變，經濟發展具有巨大潛力和強大動能有待充分釋放，應該說異議少一些，不再贅述。

　　以上是關於基本判斷的主要分析點，再次強調，是基本判斷，並沒有面面俱到。

二、關於應對策略

　　我個人認為，應該特別強調這樣一點，極特殊情況或時期下，我們不要太看重、太計較一時或短期的經濟產出的得失。要瞻前顧後，通盤安排。

　　1. 出台經濟刺激政策的力度要適當，不宜過大

　　我們應該提醒自己重溫 2008 年全球經濟危機後中國所採取的重大決策的利弊得失。2008 年美國次貸危機波及全球，為了刺激經濟，中國出台了 4 萬億元投資計劃，其中很大一部分用於基建及其相關項目，一時中國經濟在全球獨領風騷，貫通全國的高鐵項目也是當時上馬的，後來震驚世界，可謂成績斐然。但是，大約到 2011—2012 年時，投資計劃的項目完成得差不多了，中國的粗鋼和水泥產能也已經佔到全球的一半，出現了嚴重的產能過剩。時至今日，我們還始終在強調 "三期疊加"（經濟增長速度換檔期、結構調整陣痛期、前期刺激政策消化期）對中國經濟運行的影響。

　　2. 不過於看重量的增減，重在結構的調整優化

　　重溫世界近現代經濟社會發展史，尤其是大的經濟波動、社會動盪、極端事件產生的前因中策後果的經驗教訓，提出三點粗淺想法：

　　（1）如果以上關於疫情對中國經濟產出的影響趨向最小值的判斷成立，政府就不要急於出台甚至根本不用出台力度太大的刺激經濟政策，僅僅出台一些適當的經濟調整政策即可，而且這些

經濟政策最好與前期的刺激經濟政策相銜接。

（2）何為適當的經濟調整政策？實際上，疫情作為意外的嚴重的經濟外部衝擊，類似在經濟週期波動中經濟危機爆發對經濟的衝擊一樣，恰恰給中國提供了以較大幅度調整經濟結構、社會結構、投資結構進而調整資產存量結構、產業結構、產品結構、就業結構、經濟和社會政策的機會，給企業提供了調整產出結構、投資結構等的機會。當然，這時調整是有成本的（比正常情況下是大還是小，似乎沒有定論），是痛苦的。但這是陣痛，是孕育中產生新生命體的陣痛。很可能孕育著"破壞性（毀滅性）創新"（熊彼特語）。所以，適當的經濟調整政策，除力度強弱適度外，更應該著重"調整"，出台涉及調整現存結構的種種政策。

（3）"適當的"不排除在某些經濟領域或某些產業採取大的行動，像"新基建"涵蓋的一些領域，但這需要充分的、精準的論證。

我個人堅信，在以習近平為核心的黨中央的有力領導和全國人民上下一心的共同努力下，我們的祖國一定能夠戰勝疫情，我們的經濟一定會鳳凰涅槃、再創奇跡。

新冠肺炎疫情下中國經濟走勢展望和建議

祝寶良

國家信息中心首席經濟師、研究員，國務院政府特殊津貼專家。國家應對氣候變化專家委員會委員，國家製造強國建設戰略諮詢委員會委員，國務院參事室金融研究中心研究員。曾任中國駐歐盟使團經濟組組長、一等秘書。

新冠肺炎疫情短期內對中國經濟造成較大負面影響。2003年3—4月份非典疫情爆發，當年第二季度中國經濟環比回落2個百分點，消費影響較大。第三季度疫情得到控制後，投資、消費、第二產業迅速恢復，第三產業到第四季度開始改善。全年經濟損失約1 500億元，佔當年經濟總量1個百分點左右。與2003年相比，目前中國經濟的產業結構、需求結構、就業結構、增長動能都發生了重大變化，經濟週期的階段性特徵也不相同。中國經濟已從高速增長階段轉向高質量發展階段，正處在結構調整陣痛和經濟週期下行疊加階段。此次疫情對經濟社會發展帶來的影響要遠大於2003年非典疫情的影響。

從需求看，主要表現為對消費影響較大。中國居民在交通、通信、教育、文化和娛樂方面的支出已經佔到全部消費支出的

1/4，這些服務性消費易受衝擊又難以補償。對投資的衝擊相對較小，疫情過後，投資會快速反彈。人員國際交流大幅減少，會影響服務貿易、貨物進出口和跨境投資。

從供給看，住宿、餐飲、旅遊、娛樂、運輸、物流、居民服務等服務業企業受影響最大，並通過連鎖反應影響其他行業和企業，首當其衝的是中小微企業。職工到崗率低，開工不足，廠房租金、設備閒置成本和原材料佔用成本高，支付未到崗職工工資和社會保險繳費面臨較大壓力。

從就業看，近年每年第一季度新增城鎮就業人數佔全年總量的比例在 24% 左右。疫情造成農民工延期返城、企業開工不足以及新成長經營主體減少，新增就業數量會減少，在短期內會加劇失業現象，並在一定程度上抑制工資性收入的增長。

目前，國內疫情已基本得到控制，各地已陸續開工。目前看，疫情對經濟的衝擊集中在第一季度，第一季度 GDP 同比下降 6.8%。從第二季度起，經濟開始恢復運行並有所反彈，全年經濟預計增長 5% 左右，城鎮新增就業達到 1 000 萬人，失業率達到 5.7% 左右。新冠肺炎疫情短期內降低了經濟增長速度和其他發展指標，但這一影響是一次性衝擊，沒有對生產要素供給和全要素生產率提高產生長期影響，不會降低中國經濟的潛在增長能力。因此，短期內應從需求和供給兩個方面採取措施，一手抓防控疫情，一手抓經濟穩定，切實減輕企業的困難，保障失業人員的基本收入和困難家庭的基本生活。在疫情基本結束後，通過適度擴大需求，保障生產要素得到充分和有效利用，使潛在生產能力得到充分發揮。

一、繼續實施積極的財政政策

　　積極的財政政策要大力提質增效。堅決壓縮一般性支出，調整支出結構，做好重點領域保障。中央財政赤字可增到 3.5%，中央政府要加大轉移支付力度，支持基層保工資、保運轉、保基本民生。繼續落實好減稅降費政策，切實降低企業稅收、社保負擔，降低企業用電、用氣、租賃、物流等成本。加大地方政府專項債發行額度，支持戰略性、網絡型基礎設施建設，推進川藏鐵路等重大項目建設，加快自然災害防治重大工程實施，加強市政管網、城市停車場、冷鏈物流等建設，加快農村公路、信息、水利等設施建設。

二、繼續實施穩健的貨幣政策

　　穩健的貨幣政策要靈活適度，通過降準、降息，保持流動性合理充裕，貨幣信貸、社會融資規模增長同經濟發展相適應，降低社會融資成本。要深化金融供給側結構性改革，深化利率市場化改革，疏通貨幣政策傳導機制，增加製造業中長期融資，更好地緩解民營和中小微企業融資難、融資貴的問題。推動銀行通過發行永續債等方式多渠道補充資本金，保證銀行體系的放貸能力。壓實各方防範和化解金融風險的責任，防範和化解部分市縣政府的隱性債務風險，保持宏觀槓桿率基本穩定。保持人民幣匯率彈性，維持人民幣匯率在合理均衡水平上的基本穩定。

三、發揮社會政策托底作用，確保困難群眾基本生活得到有效保障

2020 年，在城鎮需要就業的勞動力人口將達到 1 300 萬以上，其中高校畢業生將達到 870 多萬。另外，每年還有約 200 萬農民工進城，就業壓力仍然很大，要抓好重點群體就業工作。擴大技校招生數量，加大失業人員培訓，緩解就業壓力。發揮好失業保險金的作用，及時發放失業金。對退休職工、在校學生、貧困人群等關鍵人群實行價格補貼。要加強城市困難群眾住房保障，加強城市更新和存量住房改造提升，做好城鎮老舊小區改造，大力發展租賃住房。要堅持"房子是用來住的、不是用來炒的"定位，全面落實因城施策和穩地價、穩房價、穩預期的長效管理調控機制，促進房地產市場平穩健康發展。

四、深化經濟體制改革和對外開放

要加快國資國企改革，推動國有資本佈局優化調整，推出國資國企改革三年行動計劃，著力解決國資經營、混合所有制、激勵機制等問題。要完善產權制度和要素市場化配置，健全支持民營經濟發展的法治環境，完善中小企業發展的政策體系。放開文化、教育、醫療、養老等行業的市場准入，給民企和外資企業留出更大的發展空間。政府採購和補貼對國企、民企、外資企業要一視同仁，公平競爭，切實支持民企發展。推動土地制度改革取得實質性突破，改革土地計劃管理方式，建立土地市場，逐步釋放出農村約 4 200 萬畝集體建設用地，允許城市資本進入農村建設用地市場。一方面可增加農民財產性收入；另一方面也可擴大

城市土地供給，降低土地價格，穩定房地產市場，降低企業生產成本。

對外開放要繼續往更大範圍、更寬領域、更深層次的方向走，加強外商投資促進和保護，繼續縮減外商投資負面清單。繼續打造高級生產要素集聚新區，擴大自貿區先行先試的自主權，發揮好自貿試驗區改革開放試驗田作用。

五、穩定預期

穩定預期是當前做好中國經濟和社會工作的關鍵。預期有自我實現的特點，如果對經濟前景悲觀，那麼消費、投資就會萎靡不振，經濟活動進一步減弱。反過來，經濟下滑又會助長悲觀預期。

首先，要通過專家解讀、官員發聲、信息及時透明披露等方式，減少民眾的焦慮、失望情緒，堅定打贏疫情的信心。

其次，堅持 2020 年全面建成小康社會的目標不動搖，給世界送上堅定的承諾，給國內注入充分的信心。

最後，各部門和各地方政府要避免把疫情作為經濟下滑的藉口。疫情在短期內會帶來經濟減速，但不會消滅經濟活動。各地區要按照本地區的目標和任務，一手抓疫情防治，一手抓經濟社會發展，力爭完成目標任務。

疫情對 GDP 的衝擊沒有你想的那麼大 [1]

張 軍

復旦大學經濟學院院長、中國經濟研究中心主任，教育部"長江學者"特聘教授，入選國家"萬人計劃"。兼任復旦大學學位評定委員會副主任暨社科與管理學部主任、上海市經濟學會副會長、教育部高等學校經濟學類教學指導委員會副主任、中國經濟社會理事會理事等。主要研究領域：產權經濟學、經濟增長與結構轉變、財政分權與地方競爭、國民經濟的統計核算以及宏觀經濟等。

　　新冠肺炎疫情的爆發將會如何影響 2020 年中國經濟？2020年中國 GDP 增長率會跌破 5% 嗎？受疫情蔓延和防控疫情政策的影響，第一季度的經濟會遭受多大衝擊，會零增長甚至負增長嗎？

　　考慮到本次疫情集中爆發於春節假日期間，對消費需求的衝擊要比對投資需求影響更大。春節黃金假期本來就是消費最旺的時候，按商務部的數據，2019 年全國零售和餐飲企業在春節黃金假期的銷售額超過 1 萬億元規模。因此，一些研究報告評估，

---

① 本文寫於 2020 年第一季度數據公佈之前。

受這次疫情影響，2020 年春節消費受到不小的衝擊，其中，餐飲、酒店、旅遊、娛樂、交通等行業首當其衝，這些行業的企業收入會出現斷崖式下跌。而且，像餐飲、娛樂等消費在此期間形成的損失難以彌補，第一季度的消費品零售額恐會減少 50%～70%，相當於損失額 5 000 億～7 000 億元。

同樣，受到這次疫情和隔阻政策管控的影響，春節前後，人口流動和外出旅行大幅減少。根據交通運輸部的數據，2020 年春節假期 10 天（1 月 24 日至 2 月 2 日），全國鐵路、道路、水路、民航共發送旅客 1.9 億人次，比 2019 年春運同期下降近 73%。截至 2 月 6 日，春運前 27 天（1 月 10 日至 2 月 6 日）全國發送旅客量比 2019 年同期下降 35%。根據恆大研究院任澤平團隊發佈的研究報告，以 2019 年春節期間旅遊業收入規模推算，2020 年疫情給旅遊業帶來的收入損失預計超過 5 000 億元，這相當於 2019 年第一季度 GDP 的 2% 左右。他們還預計，受疫情影響，2020 年春節檔電影票房窘況或將導致全年電影票房收入零增長甚至負增長。

的確，僅以服務業當中的零售、餐飲、文化娛樂、酒店和旅遊等行業遭受的損失為參照，第一季度服務業的收入損失看上去相當可觀。恆大研究院任澤平團隊在報告中列舉，"電影票房減少 70 億元（市場預測）+ 餐飲零售 5 000 億元（假設腰斬）+ 旅遊市場 5 000 億元（完全凍結），春節短短 7 天，僅這三個行業全國直接經濟損失就超過 1 萬億元，佔 2019 年第一季度 GDP 21.8 萬億元的 4.6%"。

如此看來，第一季度 GDP 很可能出現負增長。我也看到甚至有的人更加悲觀，認為要關注的不是第一季度 GDP 可不可能出現負增長，是要關注負多少，是 -5% 還是 -10%。所以，有必要簡單討論這種可能性有沒有。我的看法是，即便考慮到這次疫情的蔓延範圍和實施阻隔政策對當期經濟活動的衝擊確實很大，第一季度 GDP 也不可能出現零增長或負增長。為什麼？

首先看第一季度 GDP 要出現零增長或負增長意味著什麼。GDP 是各行業增加值的總和，不是營業收入或總產值的總和。所以不能把疫情造成的營業收入或產值損失都計入 GDP。

增加值的核算相當複雜，尤其是服務業。以旅遊業和餐飲業為例，國家統計局的數據顯示，2018 年中國旅遊業總收入為 5.97 萬億元，增加值為 3.7 萬億元，增加值率約為 60%，而餐飲業 2018 年總產值為 4.3 萬億元，增加值為 1.6 萬億元，增加值率只為 37% 左右。

其實，就全國而言，我們各行業加總的平均增加值率不會超過 30%，因為大多數製造行業的增加值率不到 20%，儘管少數能源行業的增加值率可能高達 70%。假設全國各行業的增加值佔其產值或營業收入的 30%，那麼可以倒推，2019 年第一季度 21.8 萬億元的 GDP 就相當於各行各業加總的產值或收入差不多有 65 萬億元之多。

其次，按照這些年已有的增長趨勢，如果不受外部衝擊，中國經濟還保持著平均每個季度大約不低於 8 個百分點的名義增速（按現價計算的名義值，按不變價計算的實際增速在 6%～6.5% 之間），這就是說，如果沒有疫情衝擊，2020 年第一季度名義 GDP 應該至少在 23.54 萬億元（21.8+1.75），相對於約 71 萬億元的營業收入或產值。如果第一季度受疫情衝擊 GDP 變為零增長或負增長，意味著 GDP 名義增長率的下降幅度首先要抵衝掉原有的增長趨勢，也就是名義增長率要跌 8 個百分點以上，而要跌出這個幅度，第一季度的總收入或產值就要減少大約 6 萬億元（71-65）。

那麼，第一季度各行業受到疫情影響可能損失掉 6 萬億的名義收入或產值嗎？前面提到恆大研究院的估計，電影票房減少 70 億元（市場預測）+ 餐飲零售 5 000 億元（假設腰斬）+ 旅遊市場 5 000 億元（完全凍結），春節短短 7 天，僅這三個行業全國直接經濟損失就超過 1 萬億元，而且這還僅是服務業的部分行業，還沒有考慮製造業。難道第一季度損失掉 6 萬億的營業收入和產值不可能嗎？

就目前的疫情防控情形和經濟恢復狀態來看，我認為不可能。現在我們看到的一些研究報告中對服務業估計的收入損失數字經不起仔細推敲，有誇大之嫌。儘管疫情對第三產業的整體衝擊目前無法精確統計，但是很多研究機構包括恆大研究院的報告給出的數字存在統計口徑的嚴重問題。

以旅遊業而言，每個行業在統計自己的收入時，是以該行業所覆蓋的所有行業為範圍的。比如在統計旅遊業的收入時，就包含了餐飲、購物、酒店住宿、娛樂、遊覽、交通等範疇。通常我們說，旅遊業、交通客運業和以飯店為代表的住宿業是旅遊業的三大支柱。2018 年中國旅遊業的總收入為 5.97 萬億元，增加值為 3.7 萬億元，這個數字早已部分包含了餐飲、購物、酒店住宿、娛樂、遊覽、交通等範疇的收入；同樣，餐飲業 4 萬億元的總產值也部分包括了旅遊業的收入。

所以，不能簡單地加總餐飲業、零售業與旅遊業的收入或收入的損失，因為這當中有太多重複的計算。同樣的道理也適用於服務業的其他行業的收入與損失統計。所以，儘管還有待於國家統計局提供彙總的最終行業收入損失數據，但說電影票房、餐飲零售加旅遊市場僅這三個行業春節黃金週的直接經濟損失就超過

1萬億元，是一個包含嚴重重複計算的數字。換句話說，疫情肯定給服務業帶來短期比較大的收入損失，但簡單加總各行業統計的收入損失會高估服務業整體受到的衝擊。

毋庸置疑，這次疫情對經濟的衝擊肯定大過2003年的非典。大多數經濟學家和研究機構都做出了相似的判斷。除了服務業受到短期的巨大衝擊，製造業也會受到一定程度的影響，但只要疫情很快得到控制，這個影響不會太大。現在我們大概可以說，疫情對經濟衝擊最嚴重的時間應該主要集中在春節到2月底這一個月中。隨著2月中旬全國陸續復工，疫情的影響也開始逐步減輕。

就製造業而言，雖然受疫情影響很多企業春節後無法按時開工（根據華創證券2月12日估計，全國農民工只有29.7%已經返回，再加上部分疫情地區返回勞動力還需要集中或居家隔離，企業正常復產復工面臨較大的人員短缺），加上部分生產訂單被取消，勢必影響企業收入和投資。不過，正如普華永道的報告指出的，總體上看，與對消費影響相比，疫情對投資影響相對較小。以汽車行業為例，2019年汽車銷售和產量都在下降，經銷商、製造商有大量庫存，由於延遲復工造成短暫停工停產，對企業實際影響相對有限（第一季度因春節假期一些製造業行業本來的開工率也是最低的）。雖然假日延長會使大量中小微企業的全面復工比預定時間延後，但隨著各地政府啟動系列政策支持復工和恢復生產，總體上第一季度製造業產值的損失相對有限。

基於以上分析，考慮到這次疫情衝擊的範圍比較大，最大可能的估計範圍是，第一季度GDP增速下降幅度在30%～50%之間。以實際增長6%為趨勢基準，這也就意味著下降2～3個百分點。以GDP增速下降50%作為上限來推算，第一季度GDP

要減少接近 1 萬億元，相對於約 3 萬億元的營業收入或產值。如果 7 成來自服務業，那就意味著服務業大約 2 萬億元的損失。這是我估計的上限。按照這個邏輯簡單推算，並假設疫情在第一季度得到控制，第二季度經濟實現反彈，疫情對全年 GDP 趨勢增速的影響就在 0.5～0.75 個百分點之間。其實，這個估計程度已比恆大研究院和牛津經濟研究所的估計都略大了。在一份由牛津經濟研究所首席經濟學家 Tommy Wu 和牛津經濟研究所亞洲經濟主管 Louis Kuijs 撰寫的評估報告中，他們對新冠肺炎疫情對中國經濟的影響做了全面的估計，最終將中國第一季度的增長預期下調了 2 個百分點以上。考慮到第二季度出現反彈的情形，他們預計 2020 年中國的 GDP 實際增長率約為 5.4%（此前的預測為 6%）。而恆大任澤平團隊的報告則是考慮了三種假設情景，在不同情景下對 2020 年四個季度的 GDP 實際增長率做出了估計，他們對全年 GDP 實際增長率給出的估計在 5%～5.4% 之間。

當然了，在預估疫情的經濟影響時，除了要考慮經濟原有的趨勢增長率之外，重要的還是疫情持續的時間。只要我們能將疫情控制在第一季度之內，隨著第二季度及之後半年的經濟反彈與恢復，第一季度受到疫情衝擊的影響就會在全年的恢復性增長中被減弱。國際貨幣基金組織（IMF）總裁格奧爾基耶娃 2020 年 2 月 12 日接受記者採訪時也談到，IMF 正在收集數據開始全面評估疫情對全球經濟的影響。就經濟前景而言，隨著工廠重新開工、庫存得到補充，中國經濟有望迅速復甦；最有可能出現的情況是 "V 型" 增長，即經濟活動出現下滑後迅速回升，疫情對中國經濟的總體影響相對可控。

疫情難阻中國經濟發展大勢

張　輝

北京大學經濟學院副院長，教授、博士生導師。兼任文化和旅遊部"十三五"時期文化改革發展規劃專家委員會委員和商務部全球價值鏈專家。

　　習近平在指導新冠肺炎疫情防控工作時強調，全力以赴抓好疫情防控的同時，統籌做好"六穩"工作，積極推動企事業單位復工復產，維護中國經濟長期向好的基本面。目前中央、地方已經對部分企業特別是中小企業實施了房租減免、稅費減免和金融支持等一系列扶持政策，幫助企業紓困。

　　疫情對中國經濟的衝擊主要取決於疫情的持續時間，顯然，如果疫情短期內得到有效遏制，那麼中國經濟會迅速擺脫疫情帶來的短暫波動，進而萌發新的增長優勢。

　　第一，疫情形成短期經濟波動，堅實社會主義市場經濟體系抵禦風險。中國的社會主義市場經濟體系是一個比西方各國經濟體系更為靈活的系統，可以有效調動市場和政府的雙重作用。目前，中國已成為 GDP 總量 100 萬億元的超大型經濟體，應對社會經濟衝擊的相關機制也不斷健全，抵抗風險能力不可同日而語。只要這次疫情在第一季度能夠得到有效控制，中國完全有能力抵禦這次疫情的衝擊，中國經濟長期向好的基本趨勢不會改變。

第二，疫情引發生產延誤，雄厚工業基礎保障平穩增長。防控疫情導致工貿一體化企業的生產進度受阻，履約不確定性增大。然而，中國早已形成了獨立完整的現代化工業體系，是世界上唯一擁有聯合國產業分類中全部工業門類的國家。截至 2018 年，中國工業增加值佔全球份額達到 28% 以上，接近美、日、德三國的總和，數百種工業品產量位居全球首位。中國積蓄的雄厚的工業基礎、存量充足的重大工業資源，能夠有效支撐短暫生產延誤後的經濟恢復，持續推動中國經濟高質量發展。

第三，疫情導致防控物資短缺，強大製造能力維繫發展勢頭。雖然疫情的逐步發展使得 N95 口罩、醫用防護服等物資一直處於供不應求狀態，但隨著紡織服裝、化工企業的陸續復工，中國強大的製造能力得以釋放與恢復，物資生產速度加快，供需矛盾得到緩解，疫情對經濟的負面影響進一步降低，疫情的影響週期不斷壓縮。中國出色的製造能力的適時發揮提高了中國應對經濟風險的能力，堅定了中國經濟的發展方向。

第四，疫情降低產品出口效率，卓越貿易優勢固守全球地位。2020 年 1 月，世界衛生組織將新冠肺炎疫情列為國際關注的突發公共衛生事件，部分國家對來自中國或靠泊中國的船舶以及貨物、船員，實施了嚴格的檢驗檢疫措施。然而，中國已經形成了全面開放的基本格局，2015—2018 年，中國年均顯示性比較優勢指數（RCA）大於 1 的產品共有 102 個，RCA 指數全球排名前 20 的產品為 14 個，反映出中國出口貿易優勢較為突出，短期貿易受限難以撼動已經形成的國際供需格局，因此，短期出口運輸效率的降低尚不足以影響中國全球貿易地位。

第五，疫情收縮服務業發展渠道，龐大消費內需提供增長動力。受疫情影響，多個國際航空公司暫停了往來中國的航班，美國、意大利等國家暫停所有中國公民的入境和簽證申請，衝擊中國旅遊業。同時，為防控疫情，大量人員減少外出集聚，引發服務消費銳減。然而，由於經濟穩步持續增長，2018 年中國個人消費支出達 51 735.37 億美元，遠高於同發展階段的歐美發達國家，並且年均增長速度達 6.62%，是相同人均 GDP 時期美國和英國的兩倍，因此，中國龐大的內需市場能夠消弭短期政策性波動帶來的旅遊業國際市場受挫、生活型服務消費縮減的困境，維護服務業高質量發展勢頭不變。

雖然疫情對中國經濟增長產生了短期的下滑壓力，但也為中國經濟轉型升級提供了契機。疫情的發展引發社會勞動力的再分配，加快產業新陳代謝速度，將生產要素從傳統工業向智能化、信息化、數字化的新興產業轉移，推動中小企業發展。

一是化疫情為轉機，全面提升經濟發展質量。疫情的爆發是對過往生產、消費方式的一次檢驗，也是對當下的考驗，更是對未來的校驗，希望能夠在對衝疫情影響過程中，全面提升經濟發展質量和生產、消費模式。充分考慮全球和國內經濟體系前所未有的深度分工性，從系統角度和整體角度思考疫情中和疫情後的經濟恢復工作，做好進出口企業的支持工作，最大限度減輕對全球經濟的影響。

二是完善戰 "疫" 物資戰略儲備，克服市場失靈。疫情的快速發展引發口罩等醫療物資的短期需求急劇擴張，原有供給體系無法適應產能的急劇擴張，帶來這些領域經濟短期劇烈波動，從而帶來了市場失靈。為減緩其對經濟的衝擊，政府應分類分級健全關鍵物資儲備體系，將應急醫用物資納入城市戰略物資儲備體系，分區域佈局，登記備案一批戰"疫"生產廠商，採用常態產能和"戰時"產能相結合的管理方式，滾動補充、定期更新和輪替，做到發生重大突發事件時保障有效供給。

三是加強價值鏈風險管理，強化命運共同體意識。企業應儘早與價值鏈上下游廠商協商，積極在防控基礎上恢復生產，並建立產業鏈應急機制，利用相關的設計措施開發備選合作商，保障多邊採購和後備供應，實現價值鏈的多樣化，同時構建產品數量、質量、市場的層疊式變化分析系統，加大對全價值鏈協調運行監測，及時診斷並協調解決資金、原料、用工不足及物流倉儲條件改變。同時，企業也可在應對危機過程中，加強員工與企業的關聯性，激發命運共同體意識，攜手員工共同面對挑戰。

四是部署"新興基礎設施建設"（簡稱"新基建"），推動開拓創新。在應對新冠肺炎疫情過程中，互聯網通信技術在調配銷售物資方面發揮了重要作用，中小企業應重點對接移動互聯網、人工智能、5G、大數據和雲計算等促進產品和服務創新的"新基建"，從智能服務、虛擬運營、內容創新、互動體驗等方面，加強線上線下業務融合，降低運營風險和管理成本、人力成本，開拓收入新渠道，保障特殊時期的多元化市場需求，加快經濟恢復和提高應對經濟風險的能力，實現向高質量發展的跨越。

五是推動新業態新模式發展，及時止損。中國應將新冠肺炎疫情壓力轉化為動力，藉助跨境電商綜合試驗區提供境外倉儲信息服務，促進產業鏈可視化，從而更直觀地剖析各節點的狀況，幫助貿易企業合理調配出口，並且支持跨境電商與市場採購貿易融合發展，為受疫情影響的企業探索交易新渠道，加快出口貿易優勢恢復。

　　我們相信，在政府的有效干預下，大部分企業不會因為短暫的疫情而走向僵局，全國失業率也不會因此而跳升；在政府的大力扶持下，萬眾一心、眾志成城，可以有效保證企業的復工生產和失業率平穩。

疫情對中國經濟的影響以及政策建議

蘇　劍

北京大學經濟學院教授、博士生導師，北京大學國民經濟研究中心主任，北京外國經濟學說研究會會長，中國特色社會主義政治經濟學論壇副主席。曾任方正證券首席宏觀經濟顧問。研究／教學領域：宏觀經濟學和中國經濟。

2019 年末，新冠肺炎疫情迅速蔓延，疫情的擴散對中國經濟產生較大衝擊，主要體現在對消費、投資以及進出口等方面的影響。從消費來看，疫情對春節期間的消費影響巨大，其中影響較大的行業如餐飲、旅遊、文娛以及交通運輸等行業，與此同時，疫情對收入的影響也直接導致消費能力的下降。從投資來看，疫情導致諸多企業延期開工，投資也受到了一定影響。從進出口來看，疫情限制了出入境活動以及貿易往來，進出口貿易也受到了一定的衝擊。

疫情爆發以來，中央和地方政府採取一系列措施，控制疫情蔓延，並逐漸有序推動復工復產。但是疫情產生的影響是多方面的，新冠肺炎疫情在中國得到控制，在海外卻呈愈演愈烈之勢，全球經濟面臨巨大風險。世界衛生組織將新冠肺炎疫情全球風險級別由此前的“高”上調為“非常高”，經濟合作與發展組

織（簡稱經合組織）將 2020 年全球經濟增速預期從 2.9% 下調至
2.4%。中國經濟將如何應對這場突如其來的疫情，是全社會關注
的焦點。

一、貨幣政策靈活適度

　　隨著美聯儲宣佈降息，各國相繼開啟了降息通道，全球央行
降息預期進一步升溫。對中國而言，中央和地方政府對疫情控制
比較早，疫情已經得到一定程度的控制，復工復產也在穩步有
序地進行。中國雖然不必跟隨降息，但是美聯儲的緊急降息的
確給中國的貨幣政策操作帶來了更大的空間，短期內為了應對疫
情的衝擊，可考慮降息、降準以及定向降準政策，繼續增加流動
性，降低中小企業融資成本，支持企業復工復產，支持經濟恢復
活力。

　　長期來看，可綜合運用各種貨幣政策手段，一方面，加大
MLF 調節力度，引導 LPR 利率下行；另一方面，大力度運用好
結構性貨幣政策工具，充分利用支農、支小再貸款、再貼現等
政策。建立對經濟發展的遠期信心比短期刺激更為重要，這同樣
符合中共中央政治局的會議精神：穩健的貨幣政策將更加靈活適
度，緩解融資難融資貴問題。

二、財政政策積極有為

　　積極的財政政策要"更加積極有為"，發揮好政策性金融的
作用。

　　第一，加大減稅力度。進一步減稅降費，降低企業融資成

本，緩解疫情對企業帶來的負面影響。鼓勵商業銀行拓寬企業融資渠道，尤其要加大對小微企業的支持力度，減免稅收、降低社保繳費率等，並向受此次疫情影響嚴重的企業傾斜。為相關企業提供低息甚至無息貸款，加大扶持力度，儘早幫助遭遇困難的企業渡過難關。適當減免疫情期間受疫情影響嚴重的行業的稅收，尤其是交通運輸、旅遊餐飲、文娛等行業，進一步降低社保繳費率，降低企業負擔。

第二，加大財政支出力度。增加與疫情相關的財政支出，對於抗擊疫情表現突出的企業予以財政補貼，針對受疫情影響嚴重的地區或者行業增加財政支出規模。受疫情影響，2020 年財政收入可能有所縮減，增加財政支出力度將產生收支矛盾，因此，為了保證疫情相關的財政支出以及必要的民生支出，可適當擴大財政赤字。

第三，通過國有企業混合所有制改革解決財政資金來源不足的問題。擴張性財政政策需要有財力保證。2020 年本來就存在經濟下行壓力，財政吃緊，疫情出現後，一方面財政收入大幅下滑，另一方面計劃外財政支出大幅增加，導致財政更加困難。如果用發行國債籌資，則 2020 年財政赤字率將大幅上升，且將加劇政府債務問題。因此建議加快國有企業混合所有制改革，通過出售國有企業股權的方式為本輪財政刺激融資。

三、提高經濟增長質量，適當下調經濟增長預期

2020 年，中國經濟仍然面臨著下行壓力，疊加疫情因素，將對中國經濟增速造成不小的衝擊。隨著新冠肺炎疫情快速蔓延至全球，經合組織下調了 2020 年全球經濟增速預期。由於全球

供應鏈和商品生產受到打擊，旅遊業業績下滑，2020 年上半年世界經濟增長將急劇放緩。適當降低經濟增速預期，有利於經濟社會平穩運行，實現高質量發展。

經濟下行壓力持續加大的背景下，提高經濟增長的質量，是保持經濟持續健康發展的必然要求，疫情導致消費增長乏力、投資下滑，加之中國的人口老齡化、勞動力不足等突出問題，以速度和數量為主的增長模式是不可持續的。為了適應社會矛盾的變化，適當下調經濟增長預期，把提高經濟增長質量、實現高質量發展放在更加重要的位置，才能實現效益優先，確保經濟合理增長。

四、加大改革力度

此次疫情暴露了我們很多社會治理、應急管理等方面的短板。長期來看，加大改革力度，創新體制機制，才是發展經濟和提振信心的重要手段。

第一，市場環境管理。健全的市場機制是提高宏觀經濟運行效率的核心，因此有必要通過市場環境管理，規範市場秩序，提高競爭效率，恢復市場功能，最大化發揮市場配置的有效性。疫情暴露的一系列問題都凸顯了改革的迫切性和必要性。這就要求我們更加重視簡政放權、放管結合、優化服務，提高政府治理能力；健全信息披露制度，加強信用體系建設；規範行業競爭，鼓勵中小企業發展來打破行業和地區壟斷；通過擴大開放程度、遵循市場原則和國際通行規則，促進國際合作便利化。

第二，供給側改革。諸多中小企業在此次疫情中生存艱難，增加金融有效供給十分必要，這不僅有利於提高企業投融資的便利化程度，也同樣有利於金融企業的優勝劣汰。公共安全問題日益突出，嚴重影響和制約著經濟社會的持續發展，應急醫療產業在中國是新興行業，供給數量不足、供給質量不高、創新意識不足、技術競爭力不強、國際影響力比較弱等都是制約行業發展的問題，建立與應對突發公共安全事件相匹配、與製造業和服務業融合發展相適應的應急產業體系顯得尤為重要。因此，促進應急醫療產業健康快速發展既是全面提升公共安全保障能力和水平的迫切需求，對維護社會和諧穩定和國家的公共安全也具有重要意義。

　　第三，培育新的增長點。為了應對經濟持續下行，培育新的增長點是穩增長、促發展的有效途徑。疫情期間，數字經濟功不可沒，各項雲技術已經滲透到生活中的方方面面。新的產業、新的經濟模式不僅幫助人們解決疫情期間的各種需求問題，同樣也是後續經濟發展的動力。因此以 5G 基建及應用、光伏電網及特高壓、工業互聯網、城際高速鐵路和城際軌道交通、新能源車及充電樁、人工智能、雲計算大數據中心構成的 "新基建" 就是未來發展的方向，這些領域不僅能帶動短期消費需求，也能為經濟發展提供長期的有效供給。

中國經濟發展向好趨勢不會改變

徐洪才

中國政策科學研究會經濟委員會副主任，歐美同學會留美分會副會長，歐美同學會"一帶一路"研究院高級研究員。曾任中國國際經濟交流中心信息部部長、經濟研究部部長、副總經濟師；首都經濟貿易大學金融學教授，證券期貨研究中心主任；北京科技風險投資公司副總裁；廣發證券公司（上海）總經理。

疫情短期衝擊不可避免，但中國經濟長期向好趨勢不會改變。中國經濟有很大的韌性，不會因疫情出現有些人所擔心的衰退。這次疫情應對，充分暴露了中國經濟和社會治理中的一些短板，可推動新一輪改革開放，促進經濟結構調整和發展模式轉換。一定要堅持深化改革、擴大開放方針不動搖。當前要緊的是在防控疫情的同時做好有序復工復產。新冠肺炎疫情突如其來，致使一些企業處於休眠或半休眠狀態，正常的供應鏈和分工體系遭到一定程度的破壞，如果不能及時修復，將會對經濟發展造成更大的負面影響。

在防控疫情的前提下，各行各業都要從實際出發，做到防控和復工復產兩手抓，兩手都要硬。如何才能做到不搞復工復產

"一刀切"，又不防控疫情過度？知易行難！我認為，西部和東北地區疫情影響較小，就沒必要風聲鶴唳、草木皆兵。恰恰是長三角、珠三角等經濟發達地區受疫情影響大一些，批發零售、住宿餐飲、物流運輸、文化旅遊等行業受到了前所未有的打擊；而這些地區企業的及時復工，又尤為迫切。如何把控好復工的節奏和力度，是當下的一大挑戰。

同時，也要避免陷入一個誤區，寄希望於一復工就能把以前的損失補回來。這是沉沒成本，既然已經發生，就必須理性去面對。一定要遵循客觀規律，修復產業鏈、供應鏈是當務之急。疫情衝擊之下，尤顯中小微企業困境。供應鏈一斷裂，可能會導致一批處於低端的中小微企業陷入生存危機。值得慶幸的是，疫情正逢春節，大家手中還都有存貨；關係老百姓日常生活的"菜籃子"工程，還有水電氣等公共服務產品保持了基本穩定。

未來要繼續重點保障服務於醫療衛生系統的生產企業能夠滿負荷地開工運行，為疫情防控提供有力保障。近期中央和各地根據疫情影響，因地制宜快速出台了一系列紓困政策，比較及時到位幫助扶持了小微企業，起到了緩衝負面影響的作用。當前物價總體穩定，來之不易。供應鏈修復需要在供給和需求兩側同時發力，但整體經濟修復仍需假以時日，不能操之過急。

經濟修復將是"V型"反轉，但各地情況不一樣。第一季度的經濟肯定要受到較大衝擊，第二季度以後逐步恢復。我認為，各地不應刻意為了完成增長任務而硬拉經濟，而要順勢而為。目前的主要任務是提高復工率，修復供應鏈；下半年，一些基建項目特別是補短板的項目可以加大政策支持力度。

全球伸出溫暖之手，我們心存感激之情。病毒不分國界，疫情是人類的共同挑戰。應該看到，這次疫情也能凝聚人心，促進各國之間的協作，共同應對挑戰。從積極的角度理解，這也不失為改善國際關係的契機。疫情對全球貿易投資都有負面影響，但也是短期衝擊。2019年中國貨物貿易進出口總值近32萬億元，其中，出口17.23萬億元，外貿依存度在30%以上。疫情之下，不難預料，會有一些企業丟掉出口訂單，必然帶來一定的影響。但我相信，疫情也會促使企業調整思路，轉變外貿發展方式。經過一段時間的修復，中國外貿發展將會逐漸恢復正常。

目前來看，長三角、珠三角已經出現"用工難"問題，部分工人返工受阻，企業生產經營無法正常運轉。從整個產業鏈來看，環環相扣的供應鏈一旦出現斷裂，必然會對整個行業產生影響。當務之急，就是要修復供應鏈、產業鏈，先保運轉，哪怕是低負荷運轉。同時，也不要急於求成，一鬨而起都開工。期望經濟有一個大幅飛躍，出現大幅反彈，是不現實的，同時要謹防疫情出現反彈。

藉此契機，要大力扶持民營企業，推進國企的混合所有制改革，釋放民營經濟的發展活力。要實施更大規模的減稅降費政策，讓企業輕裝上陣，這方面仍有很大空間。同時，關注城鄉融合發展，推動土地制度改革。目前，城市和鄉村之間生產要素的雙向自由流動還不夠，還存在體制機制的障礙。統一的土地市場並沒有形成，戶籍制度改革與社會保障制度建設方面仍需不斷探索，教育、醫療、衛生等公共服務仍要加大投入。基本公共服務均等化的目標還沒有實現，城鄉差距依然存在。未來要加大力度推動城鎮化，彌合城鄉之間的鴻溝，這是中國經濟發展潛力之所在。推進應急管理、公共衛生、後勤保障、國家治理機制等方面建設，都要進一步解放思想，拿出實際行動。

疫情對於全面建成小康社會目標會有一定影響，但我們仍要盡力而為，堅決打好防範化解重大風險、精準脫貧、污染防治三大攻堅戰。同時，對於 2020 年 "實現國內生產總值和城鄉居民人均收入比 2010 年翻一番" 的目標，也要爭取完成。只要今年經濟增長速度達到 5.7%，兩個 "翻一番" 目標是可以完成的。目前的防疫形勢還未到足夠樂觀的時候，如果疫情能在上半年結束，努力一把，是可以完成兩個 "翻一番" 目標的。總之，要遵循客觀規律，順勢而為。

當前，央行貨幣政策仍是朝著邊際寬鬆的方向，但總的基調是不搞大水漫灌，繼續保持穩健。同時，實施更加積極的財政政策，擴大財政赤字規模和減稅降費雙管齊下。要加強補短板重大項目儲備，加快項目審核進度，積極發揮政府投資引導帶動作用，為市場主體創造良好的營商環境。強化社會政策兜底的保障功能，無論是困難戶還是企業，都要採取定向幫扶。尤其是對一些困難家庭，不只在經濟上幫扶，在心理上也要加以疏導。

總而言之，財政政策要更加積極，貨幣政策要靈活適度，社會政策要發揮民生兜底作用，改革政策要加大力度。與此同時，加快落實對外開放政策，特別是金融開放，堅持市場化、法治化、國際化的發展方向不動搖。企業也要因勢而變，調整經營思路，盡量減少損失，同時謀求新的出路。

從經濟發展全局看，此次疫情也給我們留下諸多思考和啟示：

第一，要把風險防控放在突出位置，警鐘長鳴。"黑天鵝" 事件讓人猝不及防，未來還會有新的不確定性，要未雨綢繆，在全社會範圍內形成風險防控意識。

第二，改變生活方式，不胡吃海喝，不吃野生動物。摒棄陳規陋習，促進人與自然的和諧發展。

　　第三，加大生態環境保護治理力度，堅持生態保護、污染防治並舉。生態修復關係著人們的食品安全和健康，加強環境保護是全面建設小康社會的內在要求。

　　第四，大力推進國家治理體系和治理能力現代化。官僚主義、互相扯皮、推諉責任等現象，在這次疫情防控中得以暴露，包括一些社會組織，都要痛定思痛，加大改革力度。

　　第五，多難興邦，及時總結經驗和教訓。堅持改革開放方向不動搖，啟動新一輪的改革開放。

　　第六，振奮精神，中華民族有著不屈不撓、團結協作的優良傳統，這些精神都要繼續發揚光大。

刀刃上的增長

—— 庚子戰疫後的經濟和政策分析

管清友

如是金融研究院院長、首席經濟學家，如是資本創始合夥人。曾任民生證券副總裁、研究院院長。長期參與政策諮詢及決策建議。兼任財政部財政改革發展智庫特約專家、財政部和國家發改委 PPP 專家庫雙庫專家、全國工商聯智庫委員會委員、國家發改委城市與小城鎮中心學術委員、工信部工業經濟運行專家諮詢委員會委員、首都產業金融創新發展研究中心顧問等。

病毒雖然很微小，但對經濟的衝擊不容小覷，尤其是在經濟下行週期，如此大範圍的停工和凍結後，經濟傳染性也在逐漸顯現，特別是現在全球疫情持續升級，影響更超預期。在這樣的背景下，穩增長壓力加大，逆週期調節會發力，風險加速暴露，需要在穩增長、調結構和防風險三者之間艱難平衡，難度不亞於在刀刃上起舞。雖然刀刃上的增長難度很大，但不能不做。

首先必須承認的是，疫情這隻"黑天鵝"對經濟造成了全方位的負面影響。疫情不是一個孤立的事件，就像我們常說的，樹上 100 隻鳥，開槍打死 1 隻，剩下的肯定不是 99 隻。全國範圍大防控，29省市企業延遲復工，超過80%的生產經營停擺，如此大範圍的停工和凍結在歷史上從未出現過，消費、貿易出口和工業生產、金融市場無一幸免，而且對很多行業的衝擊是不可逆的。我們簡單估算了各行業在春節期間的損失，零售餐飲8 000億元、旅遊4 100億元、交通運輸1 500億元、電影70億元、製造業8 000億元、房地產1萬億元，合計經濟損失超過了3.1萬億元。如果考慮金融業、建築業、農業等其他行業的損失以及疫情的持續衝擊，這一數值只增不減。現在全球疫情升級，會進一步加劇全球供應緊張，出口難言樂觀，外部形勢會更加嚴峻，原本脆弱的經濟會對外部衝擊更加敏感，可以說是雪上加霜。身處這樣的大環境中，誰也無法獨善其身。

而且可以確定的是，這次疫情比非典的衝擊要大得多。2003年經濟處於上升期，城鎮化、全球化、人口紅利同步釋放，經濟增長動能強勁，最嚴重的第二季度GDP增速比前後兩個季度平均低1.5個百分點，並沒有改變上行態勢。但現在經濟本來就處於下行週期，局勢更為嚴峻，先行指標PMI已出現自由落體式下跌，疫情全球蔓延的二次衝擊會嚴重挑戰中國經濟的恢復，第一季度經濟增速大概率創下改革開放以來新低。短期穩增長壓力進一步凸顯，遠大於1998年亞洲金融危機、2003年非典、2008年全球金融危機。

為對衝疫情影響，全球央行紛紛行動，寬鬆潮再度來襲，澳大利亞、馬來西亞、阿聯酋相繼降息，美聯儲也緊急降息50bp，中國雖然還沒啟動全面降息，但也在醞釀過程中。畢竟經濟增長至關重要，非常時期非常手段，一些超常規的刺激手段也是十分必要的，但是也不能都交給中央銀行，需要警惕寬鬆帶來的二次衝擊。

　　過去當全球經濟再次臨近懸崖，中央銀行總是"八仙過海"，盡顯"英雄本色"。2008 年全球金融危機以來，全球金融市場過度依賴中央銀行的寬鬆貨幣政策。金融市場"綁架"中央銀行，結果是金融市場尾大不掉，脫實向虛；中央銀行騎虎難下，左右為難。金融市場讓中央銀行投鼠忌器。越來越多的經濟體步入負利率，中美兩大經濟體也在加速走向低利率和零利率，美國十年期國債收益率首次到 1% 以下。寬鬆政策空間即將用盡，效果越來越弱，反應越來越遲鈍，催生的資產泡沫、收緊後引爆的雷等副作用也都歷歷在目。

　　但長期的寬鬆政策如同毒品，各國已經上癮。問題就在於，人們對長期寬鬆所造成的財富差距、生產率下降以及社會內生性衝突認識很清楚，遇到短期問題又別無選擇。解決這些問題不交給中央銀行，又能交給誰？人們看到了峭壁，但又義無反顧地奔向它的邊緣。

　　也許，我們真的會面臨一個新世界：零利率，人口的低增長以及經濟的停滯乃至長期的蕭條。可怕的不是這種場景，而是由此帶來的失業、社會衝突乃至大國的碰撞。

　　全球寬鬆正在進行中，劇情似乎沒有什麼變化，節奏似乎在加快。我們就像登上了同一輛高速行駛的列車，在到達終點的途中，看誰能夠早下車，功成身退。而這樣的乘客，一定少之又少。

　　轉回中國，我們怎麼辦？我們能成為那位功成身退的乘客嗎？

　　面對疫情衝擊，宏觀政策必須發力，必須有所作為，這是毫無疑問的。這就類似於車在下坡時要適時踩剎車。當遭遇新冠肺炎疫情這樣的劇烈顛簸時，油門、離合、剎車和方向盤的配合就更為重要，也需要高超的駕駛技術。

所以，從國家宏觀管理的視角，我們一定要警惕日本在"廣場協議"之後的重大宏觀政策失誤，也要彌補我們在政策實施上的短板。短期的政策是為長期的改革爭取更多的時間窗口。中國的優勢在於，我們依然具備充分的韌性，擁有廣闊的市場以及巨大的改革空間。堅定不移的市場化改革依然是中國最強有力的殺手鐧。

時至今日，我們似乎又到了一種熟悉的場景：當下的經濟形勢和金融市場頗似 2009 年或 2014 年。大寬鬆進行中，人們身處其中。所以，我們看到，在疫情尚未結束時，很多人開始歡呼雀躍，迎接新的資產泡沫到來。但是，吃一塹長一智。必須十分清醒的一點是，如果只是貨幣推動，那麼經濟反彈也好，股市上漲也好，往往來得快，去得也快。經歷越多，速度越快。雖然人性不變，但歷史記憶還是有那麼一點的。

所以，從企業和投資者的角度，我們一定要吸取前兩次的慘痛教訓。很多企業和投資者在這兩輪中經歷過"紙面富貴"，但很多後來深陷泥沼。無論是積極還是消極，都是一種選擇。既要審時度勢穿越週期，又要修煉心性靜觀其變。

減輕抗擊疫情下的次生經濟危害

桑百川

對外經濟貿易大學國際經濟研究院院長，國家開放研究院研究員，教授、博士生導師。商務部特聘專家，國家社科基金決策諮詢點首席專家，國家社科基金重大項目首席專家。中央電視台、中央人民廣播電台特約評論員。

　　在中央統一領導部署下，各地抗擊新冠肺炎疫情的工作迅速展開，各級政府部門、社會機構和企事業單位紛紛壓實責任，"創造性"地落實防疫部署，實行"網格化"管理，以犧牲經濟利益換取人民生命安全，對控制疫情擴散並最終戰勝疫情發揮了重要作用。在打贏防疫戰的同時，減輕次生性經濟災害至關重要。

一、潛在的次生經濟災害

　　受疫情以及抗疫中實行迅捷有效的行政命令性垂直化管理方式影響，面臨諸多潛在的次生性經濟風險。

　　第一，製造業下行。在層層加碼的"網格化"防疫措施下，人員流動受限，勞動力不能正常出行，許多企業停工、限產，物流中斷，勞工成本、物流成本上升，供應鏈斷裂，製造業受到明顯衝擊，增速放緩甚至下行，大量企業悲觀預期上升。

第二，服務業衰退。在防疫戰中，旅遊、餐飲、交通運輸、商業、房地產、文化體育娛樂、居民服務、金融業等非物質生產部門即服務業受損嚴重，一些行業出現斷崖式下滑。旅遊業完全凍結，餐飲、酒店門可羅雀，交通運輸業客流物流銳減，文化體育娛樂業基本停頓。

第三，金融風險凸顯。疫情發生前，為避免發生系統性金融風險，實行去槓桿等金融新政，企業資金鏈緊張甚至斷供現象時有發生，金融風險已經較為嚴峻，企業融資難、融資貴問題凸顯。疊加疫情衝擊，企業正常經營活動受限，極易出現更多企業資金周轉不靈，加劇債務違約、跑路現象，金融風險不可小覷。

第四，消費增速放緩。受疫情及強制性防控措施影響，居民消費支出大幅下挫，即便疫情結束，居民消費會出現恢復性增長，但防控疫情中許多企業停工或延緩復產，居民收入減少，個人消費支出增速也難以恢復到前期水平。消費降速，將制約國民經濟增長。

第五，投資增長乏力。受疫情影響，企業投資活動低迷，新增投資項目大幅減少。其中，中小企業風險承受能力弱，大量調整投資計劃，削減投資；一些外資企業為分散風險，減少對中國投資市場的依賴，暫緩或不考慮增加對中國投資。投資進一步放緩，將加大經濟下行壓力。

第六，出口不容樂觀。在疫情中，一方面，國內許多企業無法正常交貨，貨物出口下挫，服務中斷，服務貿易出口下滑。另一方面，許多國家對來自中國的居民採取臨時入境限制措施，出口便利化水平大大降低，一些進口商對中國產品退貨，或轉移訂單，使中國貨物出口雪上加霜。同時，跨境交付、境外消費、商業存在、自然人流動等使得中國的服務貿易出口銳減。中國作為貿易大國，出口下滑還會產生全球貿易收縮效應。

第七，就業形勢嚴峻。疫情中，企業停工、出行受限，生產和服務領域就業量臨時性銳減。經濟增速下行中，總體就業機會較少，失業增多。疫情期間正值大學生就業季，大型招工活動基本停頓，畢業生就業難度加大。疫情期間還是一年中農民工進城務工出行季，企業停工、出行受阻衝擊著農民工就業。

第八，舊體制復歸。以強制性、命令性的行政手段管控疫情可以產生立竿見影的效果。但對經濟活動簡單粗暴的一關了之、一停了之，割裂了社會經濟聯繫，對經濟傷害嚴重。同時，過度宣傳垂直領導體制的制度優勢，存在著加劇行政集權的舊體制復歸的風險。避免疫情後大量行政手段濫用對市場配置資源決定性作用的破壞，已經成為擺上日程的重要課題。

二、減輕次生經濟災害的對策

防疫戰中次生經濟災害的大小，主要取決於疫情的嚴重程度和持續時間，以及防疫戰與各項經濟政策的協同。為減輕次生經濟災害，提出以下對策：

第一，推動企業有序復工。根據不同地區疫情狀況出台企業復工分類指導意見，按照武漢、湖北其他地區、各省內不同地區疫情的嚴重程度，制定不同標準的復工條件。除武漢、湖北其他地區外，下沉復工決策權力，取消復工行政審批制度，避免行政審批中層層加碼延遲復工，由企業根據復工條件自行決定是否復工，並要求復工企業必須將生產經營與疫情防控有機結合起來，嚴格落實防控標準。

　　第二，籌劃出台促進消費措施。首先是增加居民可支配收入，包括實現更加寬鬆的金融政策，穩定股市，避免股民財富大量縮水；鼓勵財產性收入，拓寬公眾資本性投資渠道，加大支持以資本、技術獲得更多收入的力度；鼓勵增加就業崗位，增加勞動收入，放寬各企事業單位提高勞動者福利的限制，鼓勵企業提高工資獎金和合理的福利發放；下調個人所得稅，降低社保負擔，提高企業和居民可支配收入。其次是根據疫情受損程度，有序出台系列消費補貼措施，刺激居民消費。

　　第三，建立更加有力的投資促進體系。實現更加積極的財政政策，建立金融穩定基金，救助因疫情陷入債務違約困局的企業，避免企業大量倒閉破產；建立應對突發公共安全事件的中小企業扶持基金，定向精準幫扶中小企業，增加對中小企業補貼，減免中小企業稅費；全面落實《外商投資法》，進一步清理與《外商投資法》相悖的部門規章，完善外資企業營商環境，穩定外商投資預期。

　　第四，穩定出口預期。加大中國防疫對世界貢獻的正面宣傳力度，提升中國國際形象，根據疫情變化，適時敦促相關國家取消中國出口產品、人員入境、國際旅遊和商務活動等的限制。加強中國國際貿易促進委員會、中國出口信用保險公司的協同，在中國國際貿易促進委員會及時為出口企業提供遭受不可抗力證明的同時，與進口商保持良好溝通，建立中外企業間長期合作方案，發揮政策性出口信用保險功能，降低出口信用保費。

　　第五，深化體制機制改革。汲取疫情風險擴散教訓，改革信息傳遞機制，保持言路暢通，提高信息公開透明度，發揮媒體、公眾批評監督作用。加大財政投入，完善公共衛生、基礎醫療、公共安全體系。把行政管控疫情與促進經濟發展結合起來，嚴格區分政府與市場的角色定位，充分保障企業微觀主體的自主性，落實市場在資源配置中的決定性作用，釋放社會主義市場經濟的制度優勢。

抗疫情、穩經濟、促高質量發展
—— 突發疫情呼喚中國經濟高質量轉型升級

王永貴

首都經濟貿易大學副校長，教授、博士生導師。國家傑出青年科學基金獲得者，教育部"長江學者"特聘教授，國家"萬人計劃"領軍人才。中國企業管理研究會副理事長，教育部高等學校工商管理類專業教學指導委員會委員。

　　突發疫情不僅改變了中國人的消費方式和生活方式，而且對中國經濟及其高質量發展產生了極大影響。隨著整體疫情穩中向好的發展，有序分類復工復產和經濟發展開始牽動著越來越多國人的神經。

　　在經歷了這次突發疫情之後，我們圍繞中國經濟發展及其高質量轉型升級有哪些特別的經驗或教訓？中國經濟未來的發展走向如何？誠然，本次突發疫情的確讓我們遭受了重大損失，但我們也需要正視本次疫情，並藉機用好"五面鏡子"來客觀認識中國經濟及其未來走勢。

一、用好平面鏡，把事情看全

在抗擊疫情中要客觀真實地認識當前現狀，充分認識到抗疫情、穩經濟和促高質量發展是中國當前疫情全面阻擊戰中三項密切關聯的核心任務，缺一不可。

本次突發疫情，絕不僅僅是一場割裂的、持續僅一天或兩天的新型冠狀病毒消滅戰，也不僅僅是一線醫護人員的戰爭，更是一場空前絕後的中國經濟保衛戰，是全國人民齊動員的經濟保衛戰。為了有效抗擊疫情，我們不僅急需大量的醫療設施和醫療物品的供應，也需要保障每一位國人在衣食住行等方面的正常生活需求。這就要求我們必須儘快克服疫情對經濟的短期衝擊，儘快恢復企業的生產運營、保持經濟的穩定發展、促進經濟的高質量轉型與升級。換句話說，一是抓防控不放鬆，二是抓經濟穩定要重視，三是抓高質量轉型與升級要突破。

二、用好顯微鏡，把事情看透

在抗擊疫情中要全面評價和測試中國經濟發展中的韌性水平，充分認識和有效強化經濟韌性在中國經濟高質量轉型升級中的地位和作用，以應對未來任何可能突發的、高度不確定的國內外環境。

伴隨著國內外政治、經濟、社會和技術環境（PEST）等的發展變化，"UCVA"（不確定性、複雜性、動盪性、模糊性）似乎成了當前環境特徵的代名詞，這就要求我們必須重視並不斷提升中國經濟發展的韌性，推動中國經濟發展的高質量轉型與升級。在過去一段時間裏，我們也一直是這麼做的。從 1997 年的亞洲金融風暴到 2008 年的美國次貸危機，中國每次都能 "獨善其身"，這充分體現了中國經濟的韌性，體現了中國經濟政策、經濟體制的有效性和靈活性以及中國經濟的發展空間。顯然，這跟中國近年來各產業鏈的競爭力、供應鏈的完備性以及營商環境的改善等方面所取得的進步是分不開的，它們鑄就和強化了中國經濟發展的韌性。

本次疫情恰恰也深刻地反映出國內外環境中不確定性的真實性和突發性，是對中國經濟韌性的一次 "大考" 和全面 "體檢"。在疫情初期，不少企業都處於休眠或半休眠狀態，難以滿足疫情防控所必需的物資供應需求，嚴重地衝擊著中國經濟的穩定發展。而且，本次疫情也對全球貿易與投資乃至全球市場的有效供應產生了極大影響，不少企業丟掉了訂單，生產規劃不得不做出調整。隨著中國政府為應對疫情在財政、貨幣和金融等領域所採取的措施，各地醫療物資和生活物資的相對緊張狀況才明顯好轉，中國經濟也開始穩中向好發展。但是，如何有針對性地提高中國的經濟韌性，在做好疫情防控的同時，有序復工復產並快速修復區域的、全球的產業供應鏈生態體系，仍然是中國經濟高質量轉型升級的重中之重。

三、用好放大鏡，把事情看細

在抗擊疫情中要深刻認識中國經濟發展的短板，並在快速推動中國經濟高質量轉型升級的過程中，從小處入手。把工作做細並克服短板是中國經濟高質量轉型升級的關鍵所在。

在過去幾年裏，無論是政府機構還是專家學者，都在探索和識別中國經濟發展的真正短板，如關鍵核心技術攻關和新動能培育方面的短板、現代服務業和民生急需領域的短板、實體經濟有效投資領域的短板、精準脫貧方面的短板、城鄉區域協調發展方面的短板、營商環境優化方面的短板等。更為甚者，中國金融四十人論壇專家曾指出，中國經濟的短板不是產業和技術，而是公共服務和公共管理不到位，是城市化進程不到位，是過度管理的服務業部門。結合本次疫情及其防控，我們不得不說，精準識別並有效補齊中國經濟發展中的其他短板，依然是中國經濟高質量轉型升級的關鍵所在。

為此，做強、做優、做大實體經濟，堅決防止實體經濟的空心化、邊緣化、低端化，大力發展具有國際競爭力的現代服務業和營造宜人的營商環境，仍然是當前最重要的微觀基礎。我們必須堅定地推進國有企業改革，促進民營企業發展，積極探索有效培育並發揮企業家精神的體制和機制，在減稅降費等相關救市政策的出台中多傾聽企業家的中肯意見，並利用大數據等相關技術對政策的實施效果進行實時監督，在第一時間做出優化。例如，各地政府為應對疫情紛紛出台了一系列政策以幫助中小企業共渡難關。其中，有的鼓勵國有單位減免中小企業的房租，但不少中小企業事實上並沒有得到任何實惠，減免的房租哪裏去了？被中介或承包商無情地截留了。

四、用好望遠鏡，把事情看遠

在抗擊疫情中要前瞻性地看待中國經濟高質量轉型升級的使命和未來，並順應國內外大勢，採取有效措施全力推進中國經濟向數字化、智能化、消費化和服務化四個轉型不動搖。

一方面，數字化與智能化已成為一種全球化趨勢，正在推動傳統經濟快速走向數字經濟和智能經濟。為此，中國政府也先後出台了《中華人民共和國國民經濟和社會發展第十三個五年規劃綱要》（簡稱"十三五"規劃綱要）、《"十三五"國家信息化規劃》、《中國製造2025》和"一帶一路"倡議等一系列重要文件，並取得了一系列標誌性成就。工業互聯網以及"ABCDE"（人工智能、區塊鏈、雲計算、大數據和新興技術），似乎也成了當前高質量發展的代名詞。可以說，信息化、數字化、智能化、網絡化、服務化正改變著越來越多的中國企業、產業乃至地區的發展。

另一方面，本次疫情對中國經濟和企業經營都造成了不小的傷害，但也從某種程度上推動並催化了中國經濟的高質量轉型升級。例如，不聚會、少出門、戴口罩、勤洗手等家喻戶曉的防護要求雖然徹底打亂了餐飲、旅遊、影視、健身、交通、酒店、娛樂、零售等企業的發展節奏和生存場景，但也迫使越來越多的中國企業積極擁抱新技術、新業態、新模式和新的彈性工作方式等，加速了中國企業在數字化和智能化以及服務化方面的轉型升級，原來的"面對面"和"手牽手"已經被"雲操作""屏對屏""線連線"所取代，從而有力地推動了實體經濟與數字技術的深度融合。因此，如何審時度勢、利用一切可以利用的機遇加快推動中國經濟向數字化和智能化轉型，就變得十分重要。

同時，我們必須"不忘初心，牢記使命"，始終確保中國經濟高質量轉型升級是在有效解決"人民日益增長的美好生活需要和不平衡不充分的發展之間的矛盾"中進行的，努力提高中國經濟更好地服務中國人民美好生活的需要。而且，要改變中國經濟增長對投資驅動和貿易驅動的依賴，也必須深化和提升消費驅動模式在中國經濟高質量發展中的戰略作用。因此，數字化和智能化轉型更多的是技術、手段和形式，而服務化和消費化轉型才是中國經濟高質量發展的初衷和動力源泉。為此，我們必須反思和推動"有形的手"和"無形的手"共同發力，處理好政府和市場的關係，更好地發揮政府的作用和創新政府的服務水平，在充分發揮市場在資源配置中的決定性作用的過程中，真正做到重視人才、培養人才、用好人才，為各類人才幹事創業搭建廣闊舞台、創造寬鬆環境、優化激勵制度、完善容錯糾錯機制。

五、用好哈哈鏡，把事情看好

在抗擊疫情中要看到風險和挑戰，更要看到各種有利條件和疫情發展趨於平穩的現實，堅定信心、眾志成城，在以習近平為核心的中共中央的堅強領導下，利用一切可以利用的力量，抓住有利機遇，在打贏這場疫情阻擊戰的同時，使中國經濟高質量轉型升級的實踐邁向新的歷史高度。

應對危機的熊彼特、
新熊彼特和後熊彼特對策

陳　勁

清華大學經濟管理學院創新創業與戰略系教授、博士生導師，清華大學技術創新研究中心主任，國家傑出青年科學基金獲得者，教育部"長江學者"特聘教授，教育部科技委管理學部委員，《國際創新研究》主編，《清華管理評論》執行主編。

　　突如其來的新冠肺炎疫情無疑對中國社會和經濟乃至全球產生了嚴重影響。從中國 2003 年的非典到 2020 年的新冠肺炎，兩次危機提醒我們需要進一步關注高危擴散性傳染疾病的防治，並且更加重視公共衛生事業的發展。2020 年 2 月 14 日，習近平強調，"確保人民群眾生命安全和身體健康，是我們黨治國理政的一項重大任務"，並指出，要進一步"完善重大疫情防控體制機制，健全國家公共衛生應急管理體系"。我們堅信在中共中央的正確領導下，本次疫情定將得到有效控制，期待中國今後在重大病毒控制、重大疾病防治的創新發展方面取得更大突破。

　　疫情之後，如何實現經濟的穩定增長以及推動經濟高質量發展，是中國經濟發展面臨的兩個關鍵議題。

　　面對突發事件，靜態和均衡的經濟思想尚無法有效指導中國的經濟發展，我們應從動態、非均衡的經濟理論中汲取智慧。在眾多國內外經濟學家中，熊彼特無疑是動態、非均衡經濟理論的典型人物。歷史證明，凱恩斯"治療""大蕭條"的奇思妙策於歲月實踐中累積的負效應逐漸顯現但其自身又無法克服，而熊彼特關於經濟危機的闡釋具有更加深刻的洞見力，其學說的學術解釋力歷久彌新。熊彼特在保持對新古典主義的清醒認識、延續奧地利學派的知識傳統的基礎上，難能可貴地提出了一個國家經濟增長的核心是創新，即企業家不斷地"對生產要素的新組合"形成的"創造性變革"，這種企業家"不間斷的創新行為"就是應對危機的根本對策。

應對危機，國家應進一步鼓勵企業家的原始創新創業動力，因為他們有"夢想和意志"，對利潤"有勝利的熱情"，心中擁有"一個無所不在的動機——創造的喜悅"，且有"堅強的意志"。所有真正的企業家都是新事業的開拓者。

因此，各級政府要進一步尊重企業家才能，有效發揮他們在應對危機方面的主觀能動性，進一步完善區域創新創業環境，讓具有愛國主義情懷、持續創新精神、強大社會責任感的企業家脫穎而出，積極探索生產自救、經營轉型、效益提升的有效方式，實現基於韌性的逆勢增長。

熊彼特經濟思想雖然十分新穎，但仍忽視了技術創新的源泉是科學技術的公共供給。以弗里曼為代表的新熊彼特主義者認為，政府的科學技術政策才是對技術創新起最重要作用的因素，即政府應扶持、資助和鼓勵基礎技術所依賴的發明與創新；強調政府政策要以長遠考慮為基礎，注重研究和發展問題，並在基礎創新產生後，重視推動和促進其進一步傳播。因此，新熊彼特主義的主要觀點是，科技政策→技術創新→經濟增長→社會就業。

在對各國經濟長波解釋的邏輯鏈中，科技政策是一個根本性影響因素。

基於此，中國應充分發揮新型舉國體制的社會主義優勢，積極發揮科技政策的作用，培育好面向公共衛生這一領域的"創新公地"。如儘快組建更多具有戰略性、公益性的國家實驗室和國家重點實驗室，組建高水平的公共衛生領域的知識庫，打造高效的公共衛生知識產權流轉平台，加強公共衛生的科學普及工作等。新近各大高校推出的免費網絡公開課程、各大出版社推出的免費圖書期刊閱讀，對進一步完善企業家的科技素養，培養更多的聚焦於科技創新的新型企業家，具有重要的支撐作用。

熊彼特理論的另外一個不足是，認為生產者是創新的唯一主體。生產者創新模式的流行導致了一系列的後果，不僅催生了基於生產者激勵理論的公共政策，也由此產生了知識產權系統，在一定程度上賦予了生產者壟斷創新的權利。但是生產者視角所代表的封閉壟斷式的創新，極大限制了諾貝爾經濟學獎得主菲爾普斯所強調的"創新活動的廣度"，抑制了創新能帶來的社會活力和發展動力。麻省理工學院馮‧希伯爾提出的用戶創新理論，摒棄了少數精英企業家是創新源泉的單一模式，鮮明地提出企業外部的用戶可能成為創新的來源。雖然企業的內部研發部門都是由行業專家和精英組成的，但是他們依然需要廣泛地獲取組織邊界之外散佈在不同大腦中的隱性知識，這就極大推進了創新民主化思潮的發展。

以馮‧希伯爾為代表的後熊彼特主義的核心要義是，必須把對創新主體的定義從生產者及其周邊群體擴展到廣泛的社會群體，關注通過開放合作形成由社群組織起來的群眾或者用戶自由創新的新型創新活動，從而激發全社會創新的活力，帶來經濟發展和社會福利創造的同步實現。

　　後熊彼特主義思想還應關注、重視勞動群眾的創新活動。如上所述，熊彼特對創新主體的定義是狹隘的，他所指的創新主體僅僅是企業家，也就是 "實現新組合的人"，這種觀點顯然是狹隘的。實際上創新主體首先應是工人（含總體工人中的科技勞動者和一般經營管理勞動者）。馬克思通過對資本主義體制的分析認為，克服資本主義弊病的力量在於工人，在馬克思的理論裏，人（工人）一躍成為經濟學體系裏的中心。

　　因此，應對危機，中國還應進一步鼓勵具有自我創新與探索能力的用戶創新，如在長期的文明進化中提煉出的許多寶貴的來自民間的中醫藥智慧，就是用戶創新的最佳案例。在鼓勵企業家創新、加大科技創新投入的基礎上，進一步關注勞動群眾的創造性、家庭經濟模式的有效性，有效鼓勵家庭和個人在新型電子商務、新型通信平台上的創新創業活動。在新的經濟統計分析中，要重視家庭經濟和個人創業的經濟產出和貢獻，這既規避了因對經濟的不合理的悲觀估計而產生錯誤的經濟、金融政策設計的風險，又為充分發揮信息經濟場景下的自我僱傭、自主創造、自主營銷的新型經濟範式提供了新的政策視野。

應急管理視角下的中國疫情防控體系

—— 如何加強疫情風險防範機制建設？

薛 瀾

清華大學蘇世民書院院長，清華大學文科資深教授、博士生導師，清華大學中國工程科技發展戰略研究院副院長，清華大學中國科技政策研究中心主任。

新冠肺炎疫情很快蔓延到全國各地及世界上眾多國家，一下子把中國公共衛生的應急管理體系和能力推上了風口浪尖。全國各地紛紛啟動一級公共衛生突發事件應急響應，確保在湖北之外的其他省份不會出現規模性擴散。中共中央成立領導小組，國務院啟動聯防聯控機制，發揮中國體制優勢，調動全國各地的醫療衛生資源，全力支持武漢和湖北抗擊新冠肺炎疫情的阻擊戰。

2020 年 2 月 3 日，中央政治局開會討論疫情防控工作時強調，這次疫情是對中國治理體系和能力的一次大考，我們一定要總結經驗、吸取教訓。要針對這次疫情應對中暴露出來的短板和不足，健全國家應急管理體系，提高處理急難險重任務能力。雖然現在疫情尚未結束，但及時啟動對本次疫情應對的分析與反思，能夠讓我們更加真切地感受到這種分析與反思的重要性和必要性，讓我們更加珍惜把用鮮血和生命換來的經驗教訓轉化為推動社會發展進步的機會。

危機管理領域有著名的"6個月法則"，指的是在重大危機事件後有一個為期6個月的時間段，痛定思痛，可以推動從危機學習後需要進行的改革，過了這個時間段，恢復原狀，再想推動改革就很難了。

本次中國迎戰新冠肺炎疫情，已經是進入新世紀前20年中的第三次重大疫情，前兩次包括2003年的非典和2009年的甲型H1N1流感。在2003年取得抗擊非典勝利後，中共中央和國家全面加強應急管理工作，大力推進以"一案三制"（應急預案和應急管理體制、機制、法制）為核心內容的中國應急管理體系建設，實現了中國應急管理體系建設的歷史性跨越，也推進了中國疾病防控體系的長足發展。這次新冠肺炎疫情再次把中國疾病防控體系仍然存在的問題和短板暴露在全社會面前，給我們提供了重要的學習機會，認真分析中國疾病防控體系存在的種種問題及其背後的體制、機制性原因，能為我們推進下一步制度性改革提供重要的依據。由於篇幅的限制，下面我重點從風險防範的角度來分析中國的疫情防範機制有哪些值得吸取教訓的地方。

經過多年建設，中國的疾病風險防範機制建設取得了長足進步，為全國人民的身體健康提供了重要保障。但此次新冠肺炎疫情讓我們看到了中國在重大疫情防控方面仍然存在嚴重短板，尤其是在風險防範方面，包括風險認知渠道單一、風險研判機制不清、風險預警機制失靈等問題。這些問題的存在及其形成的行為鏈條，導致我們錯失了及早發現並控制此次疫情的機會。

（1）風險認知。現代社會從本質上也是風險社會。由各種傳染病帶來的公共健康風險對於全世界都是一個重大挑戰。隨著各國工業化、城鎮化、國際化進程的不斷加快，各種傳染病傳播流行的風險也在提高。正因如此，各國在現代化進程中都建立了各種健康風險認知體系，包括對各種風險信號的捕捉、分析研判及採取相應的對策。例如，各個國家的疾病控制體系，尤其是遍佈基層的哨所醫院，就是衛生領域的風險認知主渠道，希望通過早期識別傳染病的案例和及時控制來避免傳染病的流行。同時，在今天信息技術高度發達的社會裏，社交媒體等各種溝通交流渠道也提供了大量基層一線、前沿鮮活的信息，為及時捕捉各種傳染病風險提供了重要補充。例如，谷歌公司就曾利用其流感趨勢分析軟件，在 2009 年甲型 H1N1 流感大流行的幾個星期前就從人們對流感信息的搜索中預測到了大流感即將到來。

2003 年非典和 2009 年甲型 H1N1 流感之後，中國在疾控體系和風險防範機制建設方面做了大量工作，取得了重要進展。從本次新冠肺炎疫情時間梳理來看，地方和國家疾控部門在 2019 年 12 月下旬就已得到預警並開始了流行病學調查，並在 2020 年 1 月初向世界衛生組織和相關國家通報了疫情。但令人遺憾的是，隨後的一段時間內，這條主渠道沒有繼續發揮作用，而社交媒體等其他風險認知的補充渠道也被人為封閉，使得我們最終失去了防止疫情大規模擴散的最佳時機！這個教訓是慘痛的！

（2）風險研判。風險綜合研判機制不清是本次疫情防控的另外一個令人遺憾的地方。重大傳染病流行的風險綜合研判應當是一個規範的科學分析過程，需要包括病理學、流行病、臨床治療、社會學、公共管理等多領域專家，運用已有科學知識對收集到的風險信號的潛在危害做出綜合分析判斷，並正式提交政府相關部門。由於疫情初期信息不全、不準確，這種分析判斷也具有一定的不確定性，很有可能是若干場景以及出現概率的判斷。這樣的綜合研判是政府相關部門採取干預政策的重要基礎。

從目前媒體披露的情況看，雖然國家衛健委派出專家組到武漢收集信息，了解情況，提供指導，但由於國家層面的專家組在風險研判中的定位不清，導致專家組缺乏收集各種信息的強制性，信息收集不全、不準確，影響了國家專家組對問題的分析判斷。同時，沒有看到一個結合國家和當地專家聯合形成的綜合風險研判機制發揮作用，給地方政府提出正式意見建議，錯失了另一個早期發現、早期治理的重要時機。

（3）風險預警。風險預警失靈也是本次疫情防控早期失誤的另一值得反思的問題。雖然《中華人民共和國傳染病防治法》中對傳染病疫情信息明確規定由國務院衛生行政部門負責向社會公佈（可以授權地方發佈），但《中華人民共和國突發事件應對法》第四十三條規定，當 "可以預警的自然災害、事故災難或者公共衛生事件即將發生或者發生的可能性增大時，縣級以上地方各級人民政府應當根據有關法律、行政法規和國務院規定的權限和程序，發佈相應級別的警報，決定並宣佈有關地區進入預警期"。可是除了颱風預警外，很少有地方政府來行使這個預警權力。這其實又涉及一個更大的行政文化問題，我們是厭惡風險的，不願意坦誠面對風險和不利情況。這也是導致地方政府沒有及時發佈預警背後的深層次原因之一。

如何加強重大疫情風險防範體系建設？習近平新時代應急管理思想的核心內容之一，就是要堅持以防為主，防抗救相結合的原則，著力防範化解重大風險。未來國家在疫情風險防範體系建設方面有幾項重點工作需要考慮：

（1）轉變觀念，加強風險評估，提高風險防範意識。這次新冠肺炎疫情的重要教訓之一，就是要在各級黨政幹部中樹立清醒的風險意識，對國家、地方、行業層面的各種風險因素進行系統的分析和評估，採取具體措施來化解降低各類風險。

（2）完善風險認知渠道，增強風險認知系統的豐富程度和靈敏程度。中國社會已經進入 5G 時代，各種社交媒體的流行導致社會信息流通傳播的方式發生了天翻地覆的變化，僅僅依靠傳統的行政渠道收集風險信息已經遠遠不夠。要充分認識合理開放的社交媒體對補充完善傳統行政渠道的重要意義。同時，也必須在開放的環境下，培養社會公眾對社交媒體各種信息真偽良莠的鑒別能力。

（3）在重要專業領域的風險治理體系中，要建立規範的風險研判機制。在公共衛生等專業性較強的領域中，要明確建立規範的綜合性風險研判機制，確保不同領域的專家有充分的機會表達意見，在此基礎上形成專家組的集體建議，為行政部門的科學決策提供依據。

（4）加強風險預警機制建設。要進一步強調屬地責任，下放應急管理權限，地方政府應承擔起風險預警的責任，敢於在面臨風險時發出預警，提醒社會和公眾配合政府採取更加主動的措施，將風險消滅在萌芽之中，為確保國家的長治久安做出貢獻。

新冠肺炎疫情對實現全面脫貧的影響及危中之機

陸　銘

上海交通大學安泰經濟與管理學院特聘教授，中國發展研究院執行院長，中國城市治理研究院研究員。

新冠肺炎疫情肆虐中華大地，對經濟發展產生了不可低估的影響，也對實現全面脫貧的目標形成了負面衝擊。如果政策層面能夠科學理性地看待這場疫情的短期和長期影響，採取積極應對政策，有可能化危機為機遇，推動下一階段高質量發展，並對全面脫貧形成更為長效的機制。

一、新冠肺炎疫情對全面脫貧的直接影響

自新冠肺炎疫情發生以來，全國各地在不同程度上採取了阻斷人流和物流的防疫措施。這些措施對於防控疫情起到了積極作用，但是客觀上也對生產生活形成了負面衝擊。

受新冠肺炎疫情影響特別大的是服務業，而在城市餐飲、娛

樂、文化等消費性服務業中有大量的工作人員收入不高，其中又有大量工作人員屬於跨地區就業的農村進城務工人員。

春節之後，全國各地延遲復工，而隨著疫情的好轉，復工已經開始。但是由於各個地方人流和物流的不暢，出現了一些外出打工者想出出不來，即使出來了，又在工作地進不去的現象。

一份針對打工者的調研報告顯示，有大量準備外出或已經外出的務工人員身邊的收入僅夠支撐幾天到一週的生活。一些在春節期間由於整個湖北無法進入而突然無法回家的務工人員，最近一段時間已經耗盡了自己的收入。這些現象已經事實上造成了貧困人口的增加，而這部分人口常常又不被城市的失業保險體系、最低生活保障制度和廉租房、公租房體系所覆蓋。

雖然受到疫情衝擊的人口主要是勞動力人口，一旦疫情過去，他們找到工作，貧困問題就可以緩解，但是即使是暫時性的貧困，也可能成為社會公眾不滿的原因。值得注意的是，對於貧困地區的家庭來講，如果外出打工的家庭支柱沒有收入，就可能使得整個家庭陷入貧困。

值得重視的是一些從事餐飲、養殖、運輸以及大文旅產業內的個體工商戶。這部分群體原來並不屬於貧困人口，但是在疫情期間，他們或者因為市場消費量急劇縮減，或者因為物流不暢影響生產，而同時又負擔著房租、貸款等多方面壓力，因此可能產生一批數量不可低估的虧損甚至破產者，成為新增貧困人口。

二、新冠肺炎疫情的間接影響

新冠肺炎疫情除了直接對經濟增長和就業產生負面衝擊，並威脅全面脫貧的目標之外，還有一些可能存在的對於經濟和社會的中長期負面影響，間接影響全面脫貧目標的實現。

第一，2019 年 8 月 26 日，中央財經委員會第五次會議決定，按照客觀經濟規律調整完善區域政策體系，發揮各地區比較優勢，促進各類要素合理流動和高效集聚，增強中心城市和城市群等經濟發展優勢區域的經濟和人口承載能力。但是此次疫情的發生在民間引起了一些對於發展大城市的憂慮，如果這種憂慮蔓延開來，甚至成為阻礙戶籍制度等相關改革的藉口，就可能阻礙中國城市化進程和各類要素合理流動、高效集聚。

第二，在疫情防控期間，由於全國各地紛紛採取了較高級別的應急響應措施，整個應對手段非常有效。但值得注意的是，疫情防控期間也有一些極端化的做法，甚至存在侵害個人財產權利、隱私權利、阻斷交通等違法的可能，引起了社會各界的擔憂。如果這些做法被延續甚至常規化，有可能會危害到市場經濟和民主法制的建設。

第三，由於中國已經在全球產業鏈中居於非常重要的地位，因此，此次疫情的爆發，對於全球產業鏈產生了不可低估的衝擊。筆者已經注意到，一些企業開始考慮是否需要對自己所處的產業鏈在中國以外的地方多元化佈局。如果這些憂慮成為現實，有可能對中國製造業形成衝擊，並影響相關行業和企業的就業需求。

第四，在疫情防控期間，一些地方基層政府和部分民眾對湖北籍特別是武漢籍人士採取了一些帶有地域歧視性的做法。這種做法在短期內不利於湖北特別是武漢的勞動力的就業與收入，從長期來講，如果對地域歧視的做法保持沉默，很可能對整個中國的勞動力市場產生影響。

三、化危為機的應對政策建議

第一，對全面脫貧的相關政策體系和工作重點進行調整。世界各國扶貧工作都是持續性的，中國也應適時將全面脫貧中減少絕對貧困目標，調整為持續扶貧工作的減少相對貧困目標。對於脫貧工作的方式，減少過度行政化的扶貧工作，調整為更加依賴市場手段，更多關注相對貧困人口就業和收入增長。對於由於重大自然災害和公共安全事件導致的經濟負面衝擊和暫時性貧困增加，加強相應政策體系的研究和制定，作為整個國家治理中風險防控和國家安全體系的一部分。

第二，在短期內採取經濟層面的應急措施，幫助企業和個人渡過危機。隨著疫情的危重程度得到緩解，儘快恢復正常的生產和生活。除了已經公佈的減免稅收和社保繳納的措施之外，建議藉此機會加強對於公積金制度存在的必要性和合理性的研究。筆者的建議是藉此機會取消既有的公積金制度，減輕企業負擔，提振居民收入和消費。對於受到疫情較大衝擊的中小企業和個體工商戶，採取特別的金融和財政扶持政策。

第三，在科學預測人口空間分佈的基礎上，在人口流入地進行公共服務和基礎設施補短板，增強中心城市及周邊地區的經濟和人口承載力；在人口流出地進行公共服務均等化的投資，重點投向醫療和公共衛生領域。與此同時，藉此機會對醫療和公共衛生領域從業人員的薪酬體系進行改革，提高醫務人員的待遇。在相關投資方面，進一步鼓勵社會各類資本投資於大健康相關領域，增加全社會總供給。在公共投資方面，對醫療衛生領域優先安排。對於人口流入地的相關投資，放鬆地方政府債務限額的管制，優先安排建設用地指標。在國家層面，建議發行專項債，針對醫療和公共衛生甚至整個有利於補短板的公共事業進行投資。

第四，在人口流入地進行補短板投資的同時，加快外來常住人口市民化和安居樂業的進程。在自願的基礎上促進舉家遷移，並且基於居住年限和就業年限在常住地市民化，減少因為制度性因素造成的流動人口規模。儘快將在城市無本地戶籍的人口納入本地社會保障系統之內，以使暫時性貧困能夠得到有效救助。

第五，以壯士斷腕的精神，對於本次疫情爆發和防控過程中體現出來的國家治理體系和治理能力問題，進行深刻反思和改革。堅定不移地推進和完善市場經濟體制和民主法制建設。明確向國內外社會各界表達，在疫情防控期間採取的非常規手段不會影響改革開放的進程，以消除對於中國經濟社會發展前景的各種擔憂。

疫情發生與防治中的短板、長板及公共經濟學思考

陳 憲

上海交通大學安泰經濟與管理學院教授，中國城市治理研究院嘉華教授、博士生導師。上海交通大學經濟學院原執行院長，國務院政府特殊津貼專家。主要的教學與研究領域：宏觀經濟學、公共經濟學、服務經濟與貿易。

　　到本文截稿時為止，新冠肺炎疫情大致可分為兩個階段。這兩個階段劃分的時點是 2020 年 1 月 20 日，中國工程院院士鍾南山通過中央電視台確認新冠病毒"人傳人"。據此，姑且稱第一個階段為發生階段，第二個階段為（大規模）防治階段。

　　2020 年 2 月 14 日下午，習近平主持召開中央全面深化改革委員會第十二次會議並發表重要講話，特別強調：要放眼長遠，總結經驗、吸取教訓，針對這次疫情暴露出來的短板和不足，抓緊補短板、堵漏洞、強弱項，該堅持的堅持，該完善的完善，該建立的建立，該落實的落實，完善重大疫情防控體制機制，健全國家公共衛生應急管理體系。根據上述兩階段的劃分，在發生階段，比較明顯地暴露了我們的短板；在防治階段，儘管存在早期防控措施沒有及時到位的問題，但整體上表現出我們的長板，是

不爭的事實。短板和長板各自的表現和原因值得做多角度分析，並由此提出有針對性的建議。

一、發生階段的短板及分析

發生階段的短板，集中表現在預警滯後，也即應急反應滯後。這直接影響了防控和防治的及時跟進，進而在難以估量的程度上擴大了疫情規模，並使後續不得不採取更加嚴厲的帶來較大後遺症的措施。

必須承認，因為認識事物尤其是未知事物，政策措施的研究與決策以及政策措施起作用，客觀上都存在不同時長的時滯，進而導致在政策措施的出台和效果的不同時段發生滯後。這就是所謂的"政策實施效應的時滯"（簡稱"政策時滯"）。簡要的解釋是，一項政策（包括行政性措施）從制定、實施到發揮效應，需要一個或長或短的過程。時滯可分為內部時滯和外部時滯。前者指認識時滯和決策時滯；後者指操作時滯和市場或社會反應時滯。

不同的公共事項和公共事件，對時滯有著完全不同的要求。一些重大公共事項，如重大工程，用較長的時間去認識和決策，避免決策失誤，能夠最終產生社會福利最大化的實際效果。一些重大公共事件，尤其是重大公共衛生事件，就需要在盡可能短的時間內做出判斷、加以處置。這些事件往往人命關天，稍有怠慢，反應滯後，就會造成人民生命財產的重大損失。這次疫情的爆發就是如此。當然，在短時間內做出判斷和決策，可能產生偏差，但只要根據事件性質，以保證人民生命財產損失最小為前提，即便有其他的代價，也都是可以接受的。

經驗表明，在現實的經濟社會生活中，經常會由於程序性的原因導致政策時滯。有些是不可避免的，有些則可以在非常時期做出變通，以降低時滯的時長。這就對領導者的決斷能力提出了較高的要求。所以，我們現在將領導者處理複雜事件的能力作為選用的一個必選項，要求他們具備這個能力。同時，各國都會因為現行制度的不完善，相關設置和安排存在缺失，導致體制性政策時滯。降低體制性政策時滯的主要措施是全面深化改革。在防控疫情的關鍵時刻，習近平主持召開中央全面深化改革委員會會議，提出並討論克服這個方面的短板，就生動地證明了這一點。出現體制性政策時滯還有觀念的問題。有些領導幹部唯書唯上，難免導致該決策時不決策，該擔責時不擔責，出現政策時滯。可見，還需要繼續加大力氣學習，落實實事求是的思想路線。

二、防治階段的長板及完善

如上所述，在防治階段的早期，由於嚴厲的防控措施沒有及時到位，出現社區病例難以得到迅速救治，醫務人員受到感染的病例過多，以及重症病例收治住院的時間過長等情況。這些問題也足夠嚴重，需要深刻反思，總結教訓。然而，從防治防控全局來看，這個階段充分體現了中國的制度優勢，做到了有效動員和組織資源，政令暢通，集中優勢兵力圍剿疫情等。防治階段的長板主要表現在以下方面：

第一，堅持中央的集中統一領導是防治階段的根本優勢。堅持中國共產黨的集中統一領導是中國國家制度和國家治理體系的顯著優勢，也是防治新冠肺炎這種突發性傳染病的最大優勢。目前在防治新冠肺炎疫情中取得的成效，與中央的高度重視和堅強領導密不可分。面對新冠肺炎疫情的蔓延，習近平親自部署防治工作，主持召開會議成立中央應對新型冠狀病毒感染肺炎疫情工作領導小組（簡稱中央應對疫情工作領導小組），多次開展相關調研，主持召開相關會議並發表重要講話。各級黨委按照黨中央的部署，充分發揮黨在新冠肺炎疫情工作中的領導作用，確保黨中央重大決策部署貫徹落實。

第二，部門聯動、對口支援、高效執行的體制機制是防治階段的重要保障。作為突發重大公共衛生事件，新冠肺炎疫情防控是一項系統工程，僅靠某個部門單打獨鬥行不通，需要黨政各部門協同合作、高效執行的體制機制作為保障。疫情爆發以來，國家衛生健康委員會牽頭成立國務院應對新冠肺炎疫情聯防聯控機制（簡稱聯防聯控機制），成員單位共 32 個。聯防聯控機制下設多個工作組，明確職責，分工協作，形成防控疫情的有效合力。各省、市、自治區黨委和政府的新冠肺炎疫情防控工作領導小組則高效執行中央的決定，爭分奪秒打贏疫情防控阻擊戰。與此同時，類似汶川地震時的做法，各省、市、自治區按照中央的部署，對口支援湖北疫情嚴重的相關城市，在這次防治疫情中也發揮了至關重要的作用。

第三，緊緊依靠人民群眾是防治階段的力量之源。人民群眾是堅決打贏新冠肺炎疫情阻擊戰的最大依靠，防控疫情必須繼續打好人民戰爭。在中央和政府的大力號召下，廣大人民群眾紛紛響應，積極投身到疫情防控的戰鬥中，從領導幹部到普通黨員，從醫務工作者、人民子弟兵、科研技術人員到一線職工、工地工人、普通百姓，都紛紛加入抗擊疫情的大軍，全民參與、全員防控，人民群眾正匯聚起齊心戰 "疫"、全力攻堅的 "硬核" 力量。

在肯定體制優勢、制度優勢的長板的同時，也要反思，為什麼我們的體制優勢和制度優勢往往在處置已經爆發的重大突發性、災害性事件時表現得更為有效，而在常態下，在體制內仍然會出現形式主義、官僚主義，缺乏自我反思、自我警醒，文過飾非、報喜不報憂等陋習，它們時常在影響和干擾著我們的工作，嚴重時就會釀成處理公共事件的重大失誤。在總結這場疫情的深刻教訓的時候，要深入開展與這些陋習的鬥爭，不斷完善我們的體制優勢和制度優勢。

三、疫情的公共經濟學思考

通過上述對短板和長板的分析，以及對公共衛生體系和疫情造成影響等方面的反思，我擬從公共經濟學的視角——公共物品、信息對稱和負外部性等，進一步總結教訓，並提出相關建議。

1. 建立"自下而上"的公共（衛生）信息傳輸渠道，杜絕再次發生重大公共（衛生）事件應急反應滯後的問題

就像 2003 年非典和 2008 年金融危機過後社會經濟生活發生深刻變化一樣，這場疫情發生之後，也一定會使我們的國家發生新的多方面變化。我認為，其中一個變化就是，國家治理、社會治理以"自上而下"為主導的格局，將轉變為"自上而下"與"自下而上"在不同領域發揮各自作用，"自上而下"以"自下而上"為基礎，二者共同成為國家治理和社會治理有效方式的格局。

"自下而上"講的是信息對稱的問題，是組織效能的問題，進而是治理體系和能力的問題。我們可以比較清晰地看到，在中國，有些事——黨的領導、國家主權和政令暢通等，必須"自上而下"；另一些事，像民生、民情和民意，以及涉及社會治理、公共衛生治理的那些事，"自下而上"效果更好。就像這次

疫情在剛剛出現時，八位知情醫生在專業範圍討論疫情，竟被警方定性為傳謠，遭到傳喚。同時，網上相關帖子均被刪除，這就堵塞了“自下而上”的正常的信息傳輸，進而導致人為的信息不對稱。大家設想，如果當時這八位醫生的意見得到關注，及時採取必要的措施，疫情蔓延就可能在比較短的時間、比較小的範圍得到控制。因此，這件事在成為公共衛生治理經典案例的同時，也將成為推動中國社會“自下而上”建立信息對稱機制的新開端。

2. 確立“公共衛生一如國防，是純公共品”的指導思想，重建和優化公共衛生體系

公共衛生是具有非排他性（技術上或制度安排上無法排除一個人享用該物品）和非競爭性（每個人享用該物品的平均效用是相等的）的（純）公共品，就像一個國家的國防。然而，這一定性在現實生活中並不總是得到徹底貫徹。公共衛生體系建設是一個綜合性很強的話題，這裏從投入及其效率的角度提出若干建議。

作為公共品的公共衛生，理應由國家無條件投入。但是，這類開支如同國防一樣，只有當戰爭爆發時，才會直觀體現投入價值，繼而刺激經費大幅增加。醫療衛生資源的有限性和公眾醫療衛生需求的無限性，永遠是最根本的矛盾。這就涉及資源在投入和分配時會有側重、分階段地投入。資金優先投入到治療環節，保障生病患者解決就醫問題，是最能體現改革成效的一項舉措。而上游的預防環節，工作做得越好，反而越太平無事——難以量化評估其成效，讓公共衛生和疾控系統再一次成為被冷落的角色。資源配置失衡的直接結果，是導致公共衛生體系中人才尤其是高端人才不足。疫情過後，無疑會加大投入，更要加大人才隊伍建設的投入。

公共衛生體系的投入效率，在很大程度上是由該體系的系統化、制度化水平決定的。此次疫情過後，要從制度化建設入手，以各級疾控中心從事業單位轉回行政單位為切入點，重新考慮公共衛生體系的央地關係，特別要加強基層疾控中心建設，並在各級疾控中心設立首席專家制度，全面提升公共衛生體系的治理能力和治理水平。

3. 如同將生態環境治理作為一場攻堅戰一樣，從現在開始，打響公共衛生治理的攻堅戰，將公共衛生事件可能造成的負外部性降到最小

生態環境的負外部性，如霧霾、廢水和噪聲，每天都可以看到、聽到，而公共衛生的負外部性，要當傳染病流行、疫情爆發時，才被人們所感知、所重視。因此，我建議：

第一，此"疫"過後，將公共衛生體系建設和公共衛生治理能力提升作為第四大攻堅戰，與防範化解重大風險、精準脫貧、污染防治三大攻堅戰並列，提高各級政府和全體人民對公共衛生治理的重視程度，以期全面落實相關的建設與治理措施。

第二，有專家建議，設立全國性"防疫日"。我認為，由於公共衛生治理需要警鐘長鳴，需要全民參與，所以以設立"防疫週"甚至"防疫月"為宜，時間可定在每年的 12 月或其中的一週。

第三，公共衛生治理具有極強的綜合性和專業性，遠超單純的醫療衛生範疇。除了醫療衛生和科研系統外，其廣泛連接公共管理、應急保障、文化教育、體育運動、輿論宣傳、街道社區、環衛城建等多個社會治理分支機構和環節。因此，要從專業的綜合治理角度，在即將到來的"十四五"規劃中做出專項發展規劃，全面提高中國公共衛生體系建設水平。

消除"忽視—恐慌"
是應對突發疫情的關鍵

金 碚

中國社會科學院學部委員，教授、博士生導師，中國經營報社社長，鄭州大學商學院院長。曾任中國社會科學院工業經濟研究所所長。

一、最大的威脅不是病毒，而是"忽視—恐慌"

人類不可能完全消滅病毒，永遠會同病毒共存。病毒要以人體為其寄生環境（宿主），而人類有自己的免疫力抵抗病毒的入侵和損害。大多數病毒性傳染病為"自限性疾病"，在同人類的"感染—免疫"較量中各有勝負。這是生物醫學和衛生醫療舞台中的永恆情節。

但是，一般民眾對此的認知卻並不是這樣。他們往往把情況分為沒有病毒威脅和發生病毒威脅兩種狀態。當認為沒有病毒威脅時，往往會忽視出現的感染病例；而當認為正發生病毒威脅時，往往過度敏感，各種媒體聚焦，產生瀰漫性的社會恐慌。恐慌情緒導致行為變形，舉措失誤，甚至破壞法制，以"抗疫"為由而任意過度管制、限制、封堵等，甚至導致暴力現象。

在現代社會之前，發生重大疫情，病毒本身對人的生命直接威脅很大，致死率非常高。而現代社會，科學理性和醫學進步，大大降低了病毒對人類生命的直接威脅，而社會恐慌導致的經濟社會運轉失序所造成的威脅和損失可能更大。

二、必須慎擇強制性非常措施

由於存在上述"忽視—恐慌"的群體性行為偏向，人們把防疫視為疫情爆發時的"戰爭"，必須採用非常手段，不惜代價地做出激烈反應，包括實行各種強制性措施。儘管其中有些措施是迫不得已的，但如果普遍採用強制性非常措施，不僅會直接導致對經濟社會運轉的損害，而且會加大社會恐慌程度，民眾也可能為躲避強制而不予配合。

其實，在科學理性和先進醫學的支持下，防疫抗疫已經成為現代社會的常規性機制，就如同人體正常的免疫力反應一樣。所以，防疫抗疫應儘可能使用常規方式，除非迫不得已才可使用殺傷力巨大和代價極大的非常規方式。

日常防疫和緊急疫情響應機制的作用不僅僅是預防病毒感染可能導致疾病，更重要的是要消除"忽視—恐慌"，讓社會處於"常備不懈"之中，即把形成安全衛生的工作秩序和環境，作為人類基本的行為規範。

三、有效預警，才能"精準滴灌"式高效防疫抗疫

由於"忽視—恐慌"同社會心理狀況高度相關，所以如何

穩定或常態化人們的疫情預期，是一個特別重要的問題。

預期和心理受信息傳播影響，信息公開透明可以防止"忽視—恐慌"群體性行為偏向的破壞力。為此，應建立一個關於疫情的常態預警制度，就像天氣報告和空氣污染報告那樣，以一般民眾可以理解的表達方式及時向社會提供衛生環境信息。這樣，一方面可以時時警示公眾保護衛生環境和遵守衛生秩序；另一方面，在心理上打預防針，關切疫情但不必一有疫情就發生恐慌。

這樣，當預警信號顯示很可能有嚴重疫情發生時，社會可以啟動"精準滴灌"式的響應措施，而不是"大水漫灌"式的一刀切和齊步走對策。防疫抗疫的目標不是完全消滅病毒，而是要將病毒及其感染致病可能控制在正常的社會秩序以及醫療體系所能承受和處置的狀態中，這就是人類能夠生活於其中的社會生態系統。因此，抗疫的成功標誌不是動員了多少資源、參與了多少人員、有多少英雄行為，而是在疫情衝擊下能夠保持更多行業、更多地區的工作正常化，使社會付出的代價較低，特別是死亡率較低和經濟損失較少。

四、科學總結本次抗疫，為未來提供有益借鑒

在新冠肺炎疫情時期，人民群眾生命安全和身體健康成為最受重視和政府政策安排中壓倒一切的首要關切。為此，中國以強大的社會動員能力抗擊疫情，為世界所高度肯定，為世界衛生組織所稱道。那麼，是否意味著這就是我們最大的成功和驕傲？給今後防疫的"啟示"就是：一旦有疫情就應快速進行全民動員，不計代價地進行封城、封路、封村，停工、停產、停學嗎？

　　全國全民動員，確實是戰勝這次突發疫情的有力舉措，但那是因為缺乏預警機制，面對突發疫情，措手不及，有可能導致局面失控時而不得不採取的非常之舉。中國儘管有舉國體制之優勢，但這也不能成為防疫抗疫的常規方式。

　　新冠病毒導致肺炎，主要表現為傳染率高和"行蹤莫測"，而它的致死率其實並不高。武漢地區的致死率之所以高，主要是因為從起先忽視疫情，突然轉變為特別重視和盲目反應，恐慌性地匆忙決定將武漢這個 1 000 多萬人口特大城市中的發熱病人都集中到少數幾家定點醫院，既無力收治，又難以確診，讓病毒在那裏"大兵團集結"，形成強大傳染力，不僅大大超出定點醫院，而且超過整個武漢市的醫護能力，導致難以控制的局面，不得不封城。而在其他地區，包括同武漢聯繫密切、受感染人數較多的省份，都沒有發生這樣的情況，疫情得到有效控制。所以，總結這次防疫的經驗教訓，應該更多地反思在"忽視"和"恐慌"兩個方面的表現，以及一些地區表現出的比較從容的有效應對方式。

　　這次疫情爆發，既不是第一次，也不會是最後一次。病毒會"常來常往"，人類對其既不能忽視，也不可恐慌，兵來將擋、水來土掩，反應適度，應對有序，才是現代國家的科學理性和社會理性的體現。總結這次防控疫情取得勝利的經驗時，必須要有科學態度，為今後必然還會發生的類似疫情，採取抗疫對策留下經過科學理性分析的前車之鑒。

關於更好發揮人大和政協作用
健全國家公共衛生管理體系的幾點建議

張永軍

中國國際經濟交流中心副總經濟師。曾任國家信息中心經濟預測部財政金融處副處長、宏觀經濟處處長、世界經濟處處長。

習近平 2020 年 2 月 14 日主持召開中央全面深化改革委員會第十二次會議並在講話中指出，"這次抗擊新冠肺炎疫情，是對國家治理體系和治理能力的一次大考。要研究和加強疫情防控工作，從體制機制上創新和完善重大疫情防控舉措，健全國家公共衛生應急管理體系，提高應對突發重大公共衛生事件的能力水平"。根據習近平的指示和會議精神，結合對防控疫情工作中暴露出來的短板和不足的認識，提出如下建議。

一、全國和各地人大、政協單獨設立衛生健康委員會

目前，全國人大設立有教育科學文化衛生委員會，全國政協下設有教科衛體委員會，衛生與其他幾項混合在一起。而且從兩

個委員會的組成情況來看，全國人大的教育科學文化衛生委員會的十一位主任、副主任委員中，只有一位是醫療衛生專業出身；全國政協教科衛體委員會的十六位主任、副主任委員中，也只有兩位是醫療衛生專業出身。從上述組成情況來看，力量不夠充足。

另外，從國際機構的設立情況來看，聯合國下設教科文組織，同時設立世界衛生組織。參照國際機構設立的情況，全國人大、政協下屬的專門委員會，也可將教科文、衛生的委員會分別設立。這樣衛生健康方面的委員數量就可以明顯增加，而且作為一個專門委員會更加便利開展活動，衛生監督職能就會得到強化。

二、全國和各地人大要加大對衛生健康工作的監督力度

每年兩會，都要聽取最高檢察院、最高人民法院的工作報告，還要聽取國家發改委關於國民經濟和社會發展計劃草案、財政部關於上年度財政決算和本年度財政預算的報告。

衛生健康工作越來越重要，已成為廣大群眾關心的重要問題之一。加上 21 世紀以來世界上發生了幾次傳染病事件，公共衛生事件的影響呈越來越大的趨勢。建議今後國家和各級政府衛健委每年應該向同級人大的教育科學文化衛生委員會（衛生健康委員會）提交工作報告和工作計劃，由現有的教育科學文化衛生委員會代表人大對工作報告和工作計劃進行審議，同時地方政府各級衛健委將此工作報告報送上一級政府管理部門備案。

三、全國和各地人大、政協衛生健康委員會可作為衛生健康信息收集傳輸的重要渠道

各級人大、政協要以衛生健康委員會為載體，將衛生健康委員會建設成聯繫廣大衛生健康工作人員的重要平台，基層衛生健康工作人員發現傳染病等涉及面比較廣泛的相關信息，除了報送政府所屬衛健委之外，也可以向人大、政協的衛生健康委員會報送信息。衛生健康委員會要加強衛生健康信息收集分析工作，既可用於本地監督衛生健康工作，必要時也可向上級人大、政協報送，作為地方向上級報送衛生健康信息的 "第二渠道"。這樣在政府系統信息傳輸失靈的情況下，可作為信息傳輸的重要渠道。

四、加強應急管理與防控演練的相互協調

傳染病疫情、地震、颱風、海嘯等突發性災害，早期預警存在較大的不確定性，確實可能會出現有警訊但最後沒有發作的情況，因此政府對此類災害的預警採取比較謹慎的態度，是可以理解的。但這類災害一旦發生，所造成的生命財產損失又是十分巨大的。建議以後如遇類似情況，可以及早發佈不同級別的警示信息，政府可提示居民和社會機構採取預防性措施，也可以同時組織舉行防控演練活動，以避免災害發生時防備不足，造成過大損失。

五、全國和各地方政府衛健委領導選拔要更加突出專業性

由於衛生健康事業專業性較強，如遇突發事件需要較快做出

反應，沒有一定時間的工作經驗積累，地方衛健委領導遇到問題就會感到吃力。

這次疫情中，湖北省黃岡市衛健委主任在面對有關疫情質詢時"一問三不知"就很有典型性。從目前情況看，全國各地衛健委領導專業基礎薄弱的問題比較普遍。以湖北省為例，全省 17 個市（區）的衛健委主任中，醫學專業畢業的僅有兩人，另有三人有醫院、醫藥衛生工作經驗，其餘皆沒有衛生健康相關專業基礎和工作經驗。

基於以上情況，今後地方衛健委等專業性較強的部門，選拔領導幹部時要更加強調專業性，最好有相關領域的工作經驗。

六、要加強衛生健康教育培訓工作

據統計，目前中國開設公共衛生專業的大學有二十所左右，但專業水平較高、受到國際同行較高認可的只有幾所。進入 21 世紀以來，公共衛生管理方面的需求越來越大，中國應適當加大公共衛生專業的招生規模，滿足政府等部門對公共衛生專業人才的需求。同時，應加大對現有政府衛生健康部門人員的培訓工作，尤其是現有大量從其他部門調轉到衛生健康部門工作的幹部，要加大在職培訓，使之能夠更好地適應工作的專業需要。此外，要強化傳染病、地震、颱風、海嘯知識的普及教育，提高全民認識水平和防控能力，提高居民防範意識，減少災害發生後因防護不足或不適當造成的損失。

七、加強農村衛生健康防疫隊伍建設

在 20 世紀七八十年代，中國農村已在村級建立了衛生醫療和防疫隊伍，在當時條件下對於農村醫療衛生和牲畜防疫發揮了重要作用。後來受多種因素的影響，農村醫療衛生和牲畜防疫隊伍削弱。目前有必要強化農村醫療衛生和牲畜防疫隊伍建設，考慮到現在交通、信息通信條件的改善以及經費等方面的問題，可以把工作重點放在鄉鎮層級。

加強文化自信，堅定走"天人和諧"的中國特色可持續發展道路

顏愛民

中南大學教授、博士生導師，中南大學人力資源研究中心主任、首席專家，中南大學工商管理學科學術帶頭人。兼任湖南省人力資源管理學會執行會長、湖南踐行國學公益基金會理事長、湖南人極書院理事長兼執行院長。

一、重大疫情更彰顯中國文化自信和制度優勢

疫情來勢洶洶，中國舉全國之力迎戰，在習近平的親自部署下，31 個省（自治區、直轄市）迅速啟動重大突發公共衛生事件一級響應，全國各地和解放軍迅速調集數萬名醫護人員馳援湖北，各種物資和裝備快速聚集武漢，短短十天，一座可容納 1 000 張床位的火神山醫院迅速崛起，這種"中國速度""中國力量"在當今世界絕無僅有，這種制度優勢不僅震撼全球，更將深刻影響全世界的認知。聯合國秘書長古特雷斯高度評價中國的擔當精神和防控能力，世界各國政要對中國的責任意識和資源調配能力更是讚譽有加。為什麼中國的醫護人員能如此不畏犧牲、持續奮戰？為什麼十數億中國人能如此快速有序地進入一種緊急狀

態？為什麼各行各業、各社會階層能快速響應、互相支持、眾志成城？這背後無不閃爍著中國的文化自信和優勢。可以預期這場疫情之後全世界都將會深入探討中國的文化和制度特徵，許多國家將由此檢省和調整其對華政策，中國將以嶄新的形象屹立於世界東方。這次疫情在彰顯制度優勢的同時，也是對中國治理體系的一次嚴格大考，疫情過後中國新一輪的深化改革也將更加勇猛推進。

二、"天人合一" 思想更加契合當今社會可持續發展之需

"沒有高度的文化自信，沒有文化的繁榮興盛，就沒有中華民族的偉大復興"，習近平的論述現在讀來尤感深刻！無獨有偶，英國著名歷史學家湯因比與日本學者池田大佐早在 1972 年就認定，"拯救 21 世紀人類社會的只有中國的儒學思想和大乘佛法"。竊以為，這次疫情似乎在某種程度上印證了上述論點。假如這種疫情發生在 "小政府、大社會" 的西方國家，後果也許就演變成好萊塢大片中的 "人類末日"。為什麼中國能有如此強大的動員能力，能做到十數億人步調一致、同心同德？其深層次的文化影響值得探究。這次疫情進一步加深了我們對文化自信的理解，也鼓舞著我們更加堅定深入地去挖掘和弘揚中華優秀傳統文化。

從根本上看，"天人合一" 思想是中國文化的哲學源頭。[①] 正如錢穆先生晚年所感："'天人合一' 觀，雖是我早年已屢次講到，惟到最近始徹悟此一觀念實是整個中國傳統文化思想之歸宿

---

① Aimin Yan, Binghan Zheng. *Chinese wisdom and modern management*. London: Cambridge Scholars Publishing, 2018.

處……我深信中國文化對世界人類未來求生存之貢獻,主要亦即在此。"[1] 按照現代語境,"天人合一"就是"人和自然系統的合一",就是把人和自然作為一個統一大系統看待,人和自然融為一體,是一個多層次的自組織系統[2],它既符合錢學森創立的系統論思想,也能融匯全息論和自組織理論,正如耗散結構創始人普里戈金所預期的:著眼於自組織世界的中國傳統和長於定量描述的西方傳統將有機結合起來。[3] 隨著全球化進程的加劇,世界各國之間的交流、聯繫日趨頻繁,人和人的關聯性日益凸顯,在歷史上人類社會從來沒有像現在這樣緊密糾葛、聯成一體,人類真正成為地球村,呈現出古代"天人合一"思想所揭示的"一損俱損、一榮俱榮"特徵,世界各國已真正成為習近平提出的"命運共同體"。基於"天人合一"思想的"天人和諧"發展是人類社會可持續發展的唯一正確選擇。按照"天人合一"的思想(見圖1),人和自然是一元體系,人類必須敬畏自然、敬畏天道,必須採取和諧共生的發展模式——這從哲學層面保證了人類和自然系統長期共存和可持續發展。按照"天人合一"觀點,人和動植物是自然大系統的並行子系統關係,必須和諧共生共存——這從價值理念層面消除了類似新型冠狀病毒等傳播的可能;人和人休戚相關,人和社會共存共贏——這就是中國"一方有難、八方支援""萬眾一心、眾志成城"的哲學源頭。[4]

① 錢穆. 晚學盲言. 桂林:廣西師範大學出版社,2004.
② 顏愛民. 國學踐行講堂. 北京:光明日報出版社,2017.
③ 普里戈金,斯唐熱. 從混沌到有序. 上海:上海譯文出版社,1987.
④ Aimin Yan, Binghan Zheng. *Chinese wisdom and modern management*. London: Cambridge Scholars Publishing, 2018.

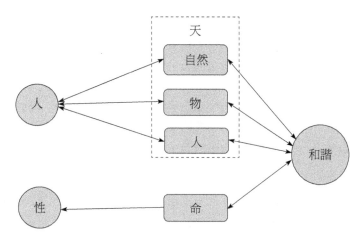

圖 1 “人”與外界關係和自身系統的相互作用

三、當下幾條重要政策建議

1. 創建並大力發展公共安全與應急救援產業

通過本次疫情，我們感覺到在當今這種一體化程度極高的社會運行模式下，公共性的危機發生和處理在所難免，以後可能頻度更大、內容更廣。西方依靠市場機制主導的“小政府、大市場”資源配置模式具有明顯的制度性缺陷，難以有效應對可能發生的類似新冠肺炎等重大危機事件，中國這種民營（純市場）和國有（公共性）機制聯動的強政府、高效率資源配置模式在本次戰疫中彰顯出極強的制度優勢，這種優勢隨著經濟發展、全球化程度的加強將日益凸顯。據此我們建議：

（1）對已有的公共安全與應急救援產業進一步拓展和提升，置於國家戰略高度。

（2）創立公共安全產業經濟學，開展理論上的深入系統研究。

（3）在國家政策層面參照國防、軍工和消防體系的運行機制進行有計劃的產業佈局和政策引導，同時參照保險行業發展機制和軍民融合的軍工產業發展模式，運用市場機制推動公共安全產業的發展。

（4）將公共安全產業的發展作為中國下一個相當長時期的產業經濟增長極，打造成帶動中國經濟新一輪發展的重要引擎。

2. 鼓勵綠色管理，推動綠色發展

1962 年，美國海洋生物學家蕾切爾·卡遜出版的《寂靜的春天》，喚醒了全世界環境保護意識。1992 年聯合國環境與發展大會明確把經濟發展和環境保護結合起來，提出可持續發展戰略。2005 年中共十六屆五中全會首次把建設資源節約型和環境友好型社會作為國民經濟和社會發展的戰略任務；2007 年將湖南省長株潭城市群和武漢城市圈作為"兩型社會"的試點地區；2015 年中共十八屆五中全會明確將綠色發展的理念作為中國五大發展基本理念之一。人類在用自然資源編織文明的同時就引發了人與自然的矛盾，今天高度發達的科學技術水平將人類和自然的衝突推到了劍拔弩張的程度，從本質上看綠色發展是源於經濟和社會發展過程中人與自然環境矛盾和衝突日益激化的理性選擇，本次疫情進一步證明了綠色發展是中國實現可持續發展的正確決策，應該從操作層面進行更多的實質性推進。我們認為，推行綠色管理、構建強勁有效的綠色發展微觀經濟基礎勢在必行。綠色管理源於 1987 年世界環境與發展委員會推動的可持續發展運動，其內涵包括綠色技術、生態環境響應、綠色公司治理、企業環境責任、環境利益相關者等方面。它從兩個方面構成綠色管理的發展體系：一是通過宏觀政策的制定將企業環境問題的外部效應內化成組織成本，推動企業對環境問題作出積極響應，合理配置和利用自然資源，提升環境或綠色管理績效；二是將綠色理念導入企業運行的全過程，實現企業的綠色技術開發、綠色設計、綠色供應鏈管理、綠色生產過程控制和綠色營銷，形成能支持企業可持續發展的綠色競爭優勢。中國在 "十三五" 規劃和《中國製造2025》中已將綠色製造列為重要戰略任務。只有在微觀基礎上構建綠色發展理念，也即將 "天人合一" 思想融入企業微觀運行機制，才能從基礎動力機制層面構建中國可持續發展的微觀基礎，真正推動綠色發展。

3. 推進 CSR（企業社會責任），優化 "可持續發展" 的微觀企業行為機制

從這次疫情的觸發源看，應該是部分經營企業或業主基於利益驅動，從事野生動物非法銷售和交易所致。再看近些年發生的問題疫苗、三鹿奶粉等重大公共事件，都源於企業唯利益目標驅動、微觀行為失範。企業相關利益主體之間的矛盾和目標衝突是企業基本運行深度、機制性難題，長期困惑中國國有企業的委託代理問題，以及近年來廣受關注的萬科股權之爭、馬雲式傳承等深度微觀機制引發的行為矛盾。[①] 我們認為需要將 "天人合一" 這種協調理念融入企業經營者和員工思想，在微觀層面優化或重構企業運行和行為機制，在微觀基礎面根除新冠肺炎疫情這類重大公共危機的產生基礎。而逐步在中國推廣運用的企業社會責任是對症之藥。企業社會責任源於企業不同利益主體的利益衝突，最初是將企業目標和行為從經濟利益拓展到經濟、法律、道德和慈善等方面，認為企業的一切行為不能唯經濟目標，而應兼顧法律

---

① 顏愛民. "馬雲式傳承" 對民營企業家 "退" 出的當代啟示. 人民論壇，2019(34)：98-99.

責任、道德責任和慈善責任等方面。[①] 2003 年後，企業社會責任對象進一步拓展到顧客、員工、供應商、投資者、社區和環境等六個利益相關者 [②]，再拓展到內部利益相關者（員工和所有者等）和外部利益相關者（消費者、自然環境、社區和政府）[③]，現已成為經濟合作與發展組織、國際勞工組織公約的重要組成部分，儼然成為全球企業的重要行為規範。中國的企業社會責任缺乏有力的宏觀政策牽引和微觀機制驅動，至今多處於引進和形式模仿階段，實質性推廣極為緩慢。我們建議，國家應從宏觀層面通過企業社會責任的標準制定、達標評審、市場准入以及財稅等手段，推動企業對內優化企業社會責任行為機制 [④]，對外形成有利的企業社會責任微觀驅動機制，將中國企業打造成內部企業、股東、經營者利益共生與協調發展，外部企業、供應商、社區共贏互利與和諧發展的健康微觀機制，從根本上消除新冠肺炎、問題疫苗等公共危機事件產生的微觀基礎，為中國經濟社會可持續發展奠定良好的微觀運行機制。

① Carroll A. B.. A three-dimensional conceptual model of corporate social performance. *Academy of Management Review*, 1979, 4(4), 497-505. Carroll A. B.. The pyramid of corporate social responsibility: toward the moral management of organizational stakeholders. *Business Horizons*, 1991, 34(4), 39-48.

② Clarkson M. E.. A stakeholder frame work for analysing and evaluating corporate social performance. *Academy of Management Review*, 1995, 20(1): 92-117.

③ Carroll A. B., Buehholtz, A.K.. *Business& society: ethics and stakeholder management. 5th ed.* Ohio: South-Western, 2003.

④ 顏愛民，李歌. 企業社會責任對員工行為的跨層分析──外部榮譽感和組織支持感的中介作用. 管理評論，2016, 28(1)：121-129；李歌，顏愛民，徐婷. 中小企業員工感知的企業社會責任對離職傾向的影響機制研究. 管理學報，2016, 13(6)：847-854.

新冠肺炎疫情引發國際關注
公共衛生事件可能的經濟影響

姚為群

中國國際貿易促進委員會專家委員會委員，中國世界貿易組織研究會常務理事，上海市國際貿易學會副會長兼秘書長，復旦大學國際關係與公共事務學院兼職外交學教授，上海對外經貿大學國際經貿學院特聘應用經濟學教授，上海工程技術大學管理學院客座經濟學教授。

2020 年 1 月 30 日，世界衛生組織（WHO）總幹事根據《國際衛生條例（2005）》宣佈中國武漢的新冠肺炎疫情已構成"國際關注的突發公共衛生事件"（PHEIC）。眾所周知，傳染病控制三大原則是消滅傳染源、切斷傳播途徑和保護易感人群，但是迄今為止傳染源並未確定，所以，儘管 PHEIC 指的是疾病，並針對某個國家要宣佈所謂的"疫區國"，但疾病發生在哪個國家，哪個國家便存在危險，這是事實。同時，WHO 總幹事稱讚中國"實際上正在為疫情應對設定一個新的標準"，其隱含的意思是"超過了"《國際衛生條例（2005）》相關要求，由此不少國家也以各種理由效而仿之採取了"超標"措施。據國家移民管理局統計，截至 2 月 6 日，已有 102 個國際和地區實施了入境管制措施，其中有 22 個國家被 WHO 指出為"超標"。

PHEIC 是從 2005 年才有的新概念。目前，全世界共被宣佈過 PHEIC 6 次（含武漢），前 5 次包括 2009 年甲型 H1N1 流感（人感染豬流感，墨西哥、美國部分地區）、2014 年脊髓灰質炎（小兒麻痺症，索馬里、肯尼亞）、2014 年西非的埃博拉疫情（幾內亞、利比里亞、塞拉利昂、馬里、尼日利亞、塞內加爾、西班牙、美國）、2016 年的寨卡疫情（巴西、中南美洲、大洋洲）、2018 年的埃博拉疫情〔剛果（金）〕。

要對 PHEIC 可能形成的經濟影響進行分析，2003 年中國的非典和巴西的寨卡的經濟影響是可供參考的典型案例，同時還可參考 2019 年 10 月美國約翰斯・霍普金斯大學公共衛生學院會同世界經濟論壇、比爾和梅琳達・蓋茨基金會在美國紐約市舉辦的一場針對大規模流行病的桌面推演——"Event 201"的結論。

2003 年非典對中國經濟的影響主要集中在當年第二季度，具體影響如下：

（1）客運、旅遊、住宿餐飲、零售等行業短期內受到較大衝擊，投資和外貿所受影響不明顯。

（2）非典的出現並沒有中斷當時經濟的上升趨勢。

（3）宏觀政策對受影響較大的行業有所傾斜，並保持了擴張性的宏觀政策環境，當時較快的貨幣擴張速度直到第三季度末經濟增長上升趨勢完全恢復後才得到調整。

（4）財政政策對受非典疫情影響比較嚴重的行業減免了部分稅費，導致下半年財政收入增速有所放緩。

（5）信貸政策對受非典影響較大的行業和地區適當傾斜，但貨幣信貸未出現大幅波動。

2016 年 2 月 1 日，WHO 宣佈，"寨卡病毒及其引發的神經系統病變"構成 PHEIC。受寨卡病毒影響最嚴重的是巴西，一國病例數即達 30 餘萬人，比其他國家總和還要多。但 2016 年初的巴西正處於嚴重的經濟下行期，因受世界大宗價格變化的影響，2015 年 GDP 增長為 -3.8%，國民經濟瀕臨崩潰局面。但 2016 年又是巴西有所期待的一年，因為當年 8 月奧運會將在里約熱內盧舉辦，巴西希望藉由奧運會抓住發展的紅利，一舉實現國民經濟扭虧為盈。巴西的外匯來源首要來自大豆、鐵礦砂和旅遊出口。旅遊業是巴西創匯營收的主要手段，但疫情對旅遊業的影響可想而知。為此，針對寨卡病毒的傳染源 "伊蚊"，時任巴西總統羅塞夫呼籲全國滅蚊，並親率聯邦政府部長上街滅蚊，投放巨量殺蟲劑，並在蚊蟲 DNA 中植入可自滅基因。至 2016 年 7 月，巴西時任體育部長宣佈每日新增疑似病例未超過 150 人，里約熱內盧市寨卡病例已從 1 月的 7 000 人銳減至 700 人，其中絕大部分已治癒。WHO 經過近半年觀察確認疫情確已平息後於當年 11 月 18 日終於宣佈解除寨卡病毒 PHEIC，歷時十個月。但寨卡 PHEIC 並未給巴西經濟造成太大影響，在疫情最嚴重的 2016 年，GDP 不僅止住頹勢，甚至還由於匯率因素略有上揚，至 2017 年疫情結束，竟出現了多年未有的扭虧為盈。對於旅遊業，由於奧運會，遊客數量幾乎未受任何影響。2016 年奧運會期間，共有 117 萬遊客來到里約熱內盧，當地酒店入住率高達 94%，日均消費 131.2 美元。2016 年全年巴西幾乎都處在 PHEIC 事件內，遊客總人數反而突破了 2014 年的歷史峰值。總之，從 2016 年各項經濟指標看，幾乎看不到巴西當年被 "PHEIC" 過的跡象。

　　Event 201 推演結論也表明，嚴重的大規模流行病最終導致全球 GDP 降低 0.7% 或損失 5 700 億美元。

由於疫情時間長度與疫情所造成的經濟影響是正相關的,為此,在繼續做好切斷傳播途徑和保護易感人群的同時,中國應在世界衛生組織支持下,與國際社會合作儘快儘早確定傳染源,開發疫苗和特效藥,爭取在三個月內或更短時間內完全控制疫情。如果疫情持續時間超過三個月,加之其他國家繼續採取"超標"措施,負面影響可能就會大一些,甚至波及 2020 年 7 月在日本東京舉行的第 32 屆夏季奧運會。

運行調控篇

努力激活蟄伏的發展潛能

鄭新立

中國國際經濟交流中心常務副理事長、研究員。曾任中共中央政策研究室副主任。主要研究領域：宏觀經濟理論與政策。多次參加中共中央全會、《政府工作報告》的起草。著有：《中國：21世紀的工業化》、《奇跡是如何創造的》、《鄭新立文集》（共16卷）等。

當前，中國經濟總體平穩的態勢沒有改變，經濟運行存在的問題主要是：在新冠肺炎疫情衝擊下，原有的有效需求不足的矛盾更加突出，經濟下行壓力加大，經濟增速已降低到合理區間底部；工業增速回落，製造業和民間投資不足，產能外移增多；工業生產者出廠價格下降，企業經營困難增多，財政收支矛盾加劇，基層財政壓力增大；經濟下行導致各類風險水落石出效應進一步顯現。對於經濟增速連續十年下降所形成的巨大慣性和實現止跌回升的難度，必須給予充分估計。

應當看到，中國經濟增長仍有很大空間。實現經濟平穩健康發展，關鍵在於通過深化改革，加快經濟結構調整，釋放蟄伏的經濟增長潛能，把擴大內需作為穩增長的著力點，以結構調整促進經濟長期向好。統籌運用規劃、財稅、金融等手段，精準配套

改革開放措施，深挖內需潛力，形成一系列新增長點，拉動經濟
回升。

一、擴大消費方面

要把擴大消費放在擴大內需的首要地位，近期應緊緊抓住以
下領域，努力培育新的消費熱點。

1. 村莊整治

在農民工輸出比較多的地區，農村危房、倒塌房、閒置房佔
農村總戶數的 50% 以上，大量農村建設用地資源閒置浪費。根
據 2019 年 4 月 15 日《中共中央 國務院關於建立健全城鄉融合
發展體制機制和政策體系的意見》，把村莊整治節約的建設用地
指標入市，可起到 "一箭三雕" 之效果：一是有利於加快新農村
建設；二是有利於降低城市房地產價格；三是有利於釋放農村市
場的巨大需求。對於一些地方正推行的拆除違規建築行動，必須
嚴格遵循法律和政策，切忌颳風，維護人民權益和社會穩定。

2. 農民工市民化

應取消或降低農民工進城落戶的限制，並將進城落戶的農民
工及其家屬納入城市保障房覆蓋範圍，享受城市居民的養老、醫
療、失業保險。對退出農村宅基地資格權和房產者予以貨幣補
償。這對拉動城市建築業和提高消費能力，將具有重要作用。

3. 老城區改造

歷史上形成的許多城市老城區，房屋破舊、道路狹窄，缺少
室內衛生間和停車場等現代設施。加大老城區改造力度，既可讓
老城區居民過上體面的生活，又能對擴大內需起到立竿見影的
效果。

4. 取消城市汽車限購

現在，由於交通擁堵，全國已有 10 多個城市對汽車限購。應當改變思路，從發展城市交通的角度為轎車進入家庭創造條件。紐約、東京等發達國家的城市沒有對汽車限購的。他們能做到的事，我們也能做到。

5. 建立公共衛生體系和失能老人照護體系

吸取兩次肺炎疫情的教訓，健全公共衛生體系。全國目前有失能老人 2 000 萬，半失能老人 3 000 萬。如能建立失能老人的照護體系，實現失能老人照護的社會化，可安排就業 2 500 萬人。

6. 擴大職業教育招生規模

職業技能人才短缺已經嚴重制約產品質量的提升。除了擴大現有技工學校招生規模，應鼓勵大型企業辦職業學校。根據德國、瑞士的經驗，大學本科生與職業學校的招生比例應保持在 1：2 左右。應建立大學與職業學校之間的立交橋，鼓勵本科生學一門專業技能，允許職業學校畢業生報考大學研究生。

二、擴大投資方面

擴大投資是擴大內需的有效舉措。按照供給側結構性改革的要求把握好投資方向，有助於增強經濟長期發展能力。在擴大投資方面，近期應選擇以下重點：

1. 高新技術產業和新基礎設施建設

包括芯片等關鍵元器件、新材料等，應採取舉國體制，組織產業聯盟，實行協同攻關。加快 5G+ 超級 wifi 建設，形成泛在、安全、高效的移動網絡，為發展人工智能、工業互聯網、物聯網、區塊鏈和數字經濟提供條件。

2. 推廣以改性甲醇替代石油產品

改性甲醇消除了普通甲醇腐蝕性、溶脹性、低溫起動難三大弊病。以改性甲醇替代汽油、柴油，有利於治理大氣污染，充分利用國內低階煤資源，減少以至完全取代石油進口。目前正在河北邢台試行，效果明顯。應儘快在全國推廣。

3. 發展固廢再生產業

全國目前建築垃圾、工業固廢、綜合垃圾存量已達 800 多億噸，堆集場和填埋場佔地 1 400 多萬畝，對地下水污染帶來威脅。利用現有技術可將固廢全部資源化、市場化，不需財政補貼。測算將固廢全部處理，約需投資 4 萬億元，每年產生增加值 4.1 萬億元，年增利稅 2 400 億元，增加就業 240 萬人，10 年可減少佔地 2 600 萬畝，減少碳排放 6 億噸。

4. 發展集約化、現代化農業

鼓勵農戶以耕地承包權入股，興辦合作社、農業公司，發展規模化、設施化、精準化農業和有機農業，提高農業科技水平和勞動生產率。這將拉動農用工業的發展，並提高農業的國際競爭力。

5. 發展通用航空業

中國通用航空業與美國相比，差距巨大。美國有 2 萬多個機場、20 多萬架民用飛機、30 多萬名會開飛機的人，中國只有 273 個機場、6 000 多架客機、1 萬多名飛行員。發展通用航空關鍵在開放 7 000 米以下空域。應把發展通用航空業作為軍民兩用產業的重點，解決有關管理體制上的卡脖子環節，使之儘快發展成為一個萬億元級的大產業。

6. 建設淮河生態經濟帶

淮河生態經濟帶面積 24.3 萬平方公里，常住人口 1.46 億，水系通航里程 2 300 公里，涉及 5 省 29 市。按照國務院批覆的《淮河生態經濟帶發展規劃》，全面啟動河道整治、港口建設等水利工程，可形成中國第三條出海黃金通道，新增 2 000 多萬畝旱澇保收田。沿淮河建設鐵路、公路、管道和一大批工業、服務業項目，可形成上千公里黃金旅遊線，打造新的經濟增長帶，成為中國第四增長極。

此外，城市群內的軌道交通、城市地下管廊、海綿城市、水利設施、冷鏈物流等，也有巨大投資需求。

底線管理、短期刺激與中期擴張
是應對疫情產生的三波超級衝擊的好方法

劉元春

中國人民大學黨委常委、副校長。教育部"長江學者"特聘教授，國務院特聘專家，國家"百千萬人才工程"有突出貢獻中青年專家。兼任教育部公共管理類專業教學指導委員會副主任委員、教育部國際商務專業學位研究生教育指導委員會委員、國家社科基金評審專家、教育部留學基金管理委員會評審專家、中國世界經濟學會常務理事。主要從事宏觀經濟學、世界經濟學等方面的研究。

一、疫情開始展露其超級衝擊的面目，我們需要理性評估前期設定的目標

雖然未來世界疫情及其對經濟社會政治的衝擊依然具有高度不確定性，但從新冠肺炎對中國經濟 2020 年 1—2 月份的衝擊以及世界蔓延的情況來看，疫情已經展露出其超級衝擊的面目，我們可以階段性地評估其對經濟社會帶來的超級黑天鵝效應。

根據 1—2 月份的經濟數據進行較樂觀的測算發現，第一季度 GDP 增長速度大約為 -5%～-10%。從需求看，1—2 月份社會零售、投資、出口均出現兩位數下降，即使 3 月末復工復產達到 100%，經濟循環實現常態化，第一季度 GDP 增長速度也僅為 -10% 左右。從供給看，1—2 月份工業增加值下降 13.5%，服務生產指數下降 13%，建築業降幅更大，據此推算第一季度 GDP 增長速度約為 -8%。目前，所有研究團隊都在大幅修正對第一季度增速的判斷以及全年增速的判斷，其中國外各團隊從需求側的預測大部分認為第一季度 GDP 增速在 -10% 左右。雖然從收入法看，第一季度中國 GDP 增長速度下降幅度可能沒有支出法和增加值法那麼大，但可以肯定的是，第一季度中國 GDP 必然負增長。

以往大家將 2020 年中國 GDP 增長目標設定為 5.5%～6.0%，而在第一季度中國 GDP 確定負增長的情況下，如果要實現全年 GDP 增長達到 6.0%，就意味著接下來三個季度的平均增長速度要達到 9% 以上，個別季度要超過 10%；如果要實現全年 GDP 增長達到 5.5%，就意味著未來三個季度的平均增長速度要達到 7.5%。從這種目標描繪出的未來經濟增長路徑將會是一個強勁的 "不對稱 V 型反彈"。這種路徑是否能夠實現，實現了是否會產生強勁的後遺症，需要我們進行科學評價。但可以確定的是，在超級疫情持續衝擊和未來還面臨高度不確定性的環境中，我們應當從過去 "保增長" 的數字目標轉向在不同階段具有不同內涵的 "底線管理"。

一是當前的 "底線管理" 必須保證疫情不再出現反覆。

二是復工復產階段的底線管理必須強化經濟循環在控制疫情的基礎上暢通，防止出現經濟循環的再停擺。

三是在經濟循環基本暢通的基礎上，必須把 "保就業" 和 "保民生" 放在底線管理的核心地位，因為就業問題就是最大的民生問題，也是整個政治經濟社會最大的基礎。如果按照目前出台的辦法，剔除 2020 年研究生和中職擴招接近 40 萬，再加上一系列政策支持，要保持城鎮調查失業率不超過 5.5%，經濟增長速度需要保持較高水平。

四是在就業穩定的同時，要防止局部債務問題和資金鏈問題不會引發系統性金融風險爆發。

這些底線管理在未來必須要分階段、分主次、分層級，不斷累進實施。

二、本次超級疫情對經濟的衝擊並非一次性的，而是分階段、多批次的，必須更加重視第二波和第三波衝擊

從疫情進行的五階段劃分法來看，新冠肺炎對於中國經濟的短期衝擊可能分三波。

第一波衝擊是疫情所帶來的"休克停擺效應"。 2 月份中國大量宏觀經濟參數的腰斬已經證明了經濟社會停擺帶來的直接損失是巨大的。這種超常規的外生衝擊實際上已經超越傳統宏觀經濟學的衝擊、反應、調整、恢復的分析框，因為它不是小擾動，也不是週期波動，而是整個經濟系統的癱瘓。這個階段裏，疫情全面防控導致社會停擺和經濟停擺，因此它所產生的短期效應已超越以往任何一種內生性的、擾動性的衝擊。

第二波衝擊是經濟停擺重啟的成本衝擊。 疫情得到有效控制之後，其對經濟產生的間接衝擊才會陸續顯示，其中最深遠的衝擊就是經濟停擺之後重啟經濟運行必須實施"大推動"，必定帶來嚴重的重啟成本。如果中國的復工復產不能同步實施，僅僅是停留在縣域單位層面，不同步的復工復產必然會產生產業鏈、

供應鏈、訂單和資金鏈等方面的瓶頸。因此在市場自發狀態下要實現復工復產和經濟循環的常態化不僅時間漫長，更為可怕的是可能陷入低水平的"惡性均衡"。因此，要克服這種市場失靈，必須依靠強大的行政干預和刺激啟動。就像一架馬車在冰天雪地停下來之後要重新啟動，必須給予它比在正常行駛中所需要的動力更大的外生動力。因此，政府統籌安排復工復產、解除各類復工復產面臨的瓶頸約束還不足以使經濟循環常態化，還必須給予一個強大的外生初始刺激特別是超級需求刺激以產生"破冰效應"，使得停下的馬車克服巨大的初始摩擦力，在迅速啟動中形成自我循環的內生動力。3—5月份，中國經濟都會在這樣的狀態下運行，出台短期大需求刺激，全面重啟中國經濟循環的內生動力，顯得尤其重要。

第三波衝擊就是疫情全球蔓延和"全球大流行"所帶來的全球經濟休克停擺衝擊。這個衝擊將是史無前例、百年未有的。疫情的全面蔓延必定帶來高傳染和高死亡，必定導致各國的恐慌，導致各國政府從前期的佛系管理模式全面轉向"全面管控模式"，人員隔離、封城封市封國必定導致各國經濟社會處於停擺狀態，最終導致全球化的生產體系、產業鏈和資金鏈出現斷裂，全球經濟出現短暫整體性停擺。目前各個研究團隊都前瞻性地給出疫情蔓延的規律，各個國家已經開始全面向中國管控模式轉變。世界經濟出現整體性休克式停擺很可能在4—6月份形成，並將形成中國經濟遭遇的第三波衝擊。這個衝擊無論從廣度還是深度上都比第一波衝擊和第二波衝擊所帶來的持續性和損失要嚴峻得多。如果全球經濟的休克停擺出現在4—6月份，也就是中國經濟全面復工復產的階段，那麼我們將面臨訂單消失、無工可復的窘境，尤其是"兩頭在外"的產業和企業，在遭受前兩輪衝擊之後將面臨更嚴峻的衝擊。因此，我們對於產業和企業的救助，對於這些區域和行業的復工復產的安排，必須全面考慮未來第三波衝擊。

三、在底線管理的基礎上出台短期刺激與中期擴展的政策組合具有十分重要的意義

危機救助不是一蹴而就的，必須在對沖上述三輪衝擊之後，中國經濟才能從危機應對逐步過渡到常態化循環階段，我們也才能在經濟循環常態化的基礎上逐步將底線管理上升到全面"保增長""保目標"的擴張階段，體系化的擴張計劃才能有堅實的實施路徑，才會在底線管理的基礎上有效拿捏擴展的幅度、擴展的方式和實施的有效路徑。

疫情對中國經濟的第一波衝擊已接近尾聲，第二波衝擊剛剛開始，第三波衝擊正在全面醞釀。根據目前復工復產的進程和全球疫情擴散的數據來看，中國經濟可能在 4—6 月份面臨第二波衝擊與第三波衝擊疊加的困境，中國經濟增長在第二季度、第三季度承受的壓力可能會超越我們的預期。因此，基於前期對於疫情衝擊的片面認識所設計的政策就需要進行再定位和再調整。

第一，要在底線思維基礎上有最壞的打算，使我們的政策應對方案在基準判斷的基礎上具有可調整、有彈性、可擴張、多元組合的特性，而不是簡單地拘泥於我們的"新基建"。

第二，必須短期刺激、中期調整與中期擴張相結合。短期刺激主要是產生"大推動"，在政府行政干預的基礎上，快速同步復工復產，使經濟循環在外生推動下產生自我循環的內生動力。目前很多人拒絕刺激，談刺激就色變，但要想足夠抵消經濟循環

停擺產生的巨大摩擦力，必須通過"大推動"來產生"破冰效應"。因此，目前我們需要更大幅度地發放消費券，更大幅度地進行企業補貼，特別是針對廣大個體工商戶和小微企業部門的救助。近期，美國、歐洲所出台的很多補貼計劃的力度是很大的，因為他們看到疫情對這些市場主體的衝擊是超乎尋常的。要想短期衝擊不轉換為趨勢性衝擊和中長期衝擊，必須要在這方面下大功夫，必須要以中低階層的消費補貼和中小微企業、受衝擊最大的產業部門補貼和扶持為核心來展開當下短期刺激。從中期來看，則可以設計以"新基建"為先鋒，新老結合為主體，經濟投資與民生建設相結合、硬項目和軟建設相結合的政策組合。大家關注的改革調整在短期刺激中可以適度體現，但整體性的新改革規劃應當在經濟循環常態化之後及時公佈。

第三，財政赤字率不僅要突破 3%，同時可以考慮突破3.5%。如果預算赤字率從 2019 年的 2.8% 提高到 3.5%，2020 年的財政預算支出可以增長 1 萬億元，但增長 1 萬億元也就約等於增長 1 400 多億美元的支出，這不足以應對百年未遇的超大級疫情衝擊以及全球停擺效應的衝擊。因此，財政赤字上一定要有一些超常的措施。

第四，貨幣政策必須明確向適度寬鬆政策進行轉變，包括準備金率的大幅下調、利率下調，特別是，我們應當考慮將接近10% 的準備金率所凍結的十幾萬億元資金轉化為國債或特別債券，為財政政策和貨幣政策的寬鬆騰挪出空間。在全球都進行寬鬆的貨幣政策的同時，中國的保守政策在某種程度上會讓中國過度地承受全球疫情和"休克停擺效應"所帶來的成本。

第五，政策出台的時點一定要把握清楚，分階段、分時點、有節奏地組合應用。如果政策的時點把握不好，我們的政策就會失去窗口期，產生過多的後遺症。需要強調的是，改革的推進必須更注重時點、順序和窗口期的把握。疫情期間有一個共識，那就是當前是化"疫"為"機"的窗口期。但是，如果我們的改革開放所設計的路徑和內容沒有一種恰當的組合，就很難抓住當前創造制度紅利的窗口期。

由於重啟經濟停擺必然需要"大推動"，但這種"大推動"絕不能只是簡單地進行基礎設施建設，而應當主要通過危機救助的形式刺激短期消費，既可以兼顧危機救助，又可以保證經濟增長。從中期來看，刺激經濟要堅持民生導向，堅持經濟循環常態化的導向，堅持底線管理的導向。一是它的內涵要根據疫情防控與經濟恢復不同階段所面臨的主要矛盾以及矛盾的主要方面進行適時的重大調整；二是實施的主體要在不同階段發生重大變化；三是推行政策的核心工具和組合模式也要發生一系列重大變化。如果我們在這些方面有十分充分的前瞻性研究和政策儲備，那麼我們就不會重蹈 2009 年"四萬億元"刺激計劃的覆轍，也會克服目前"談刺激就色變"的心理困境。唯及如此，我們才能渡過後面的難關。

經濟學教學與科研要立根祖國大地

李 悅

中國人民大學商學院教授、博士生導師，國務院政府特殊津貼專家。主要著作和教材有：《中國工業部門結構》、《產業經濟學》。

我是一位從事產業經濟學研究和教學 60 多年的經濟學者，在全國人民防控疫情的關鍵時刻，我更應當努力完成好中央和國家交給我的歷史使命，盡職盡責，教書育人，著書立說。我有以下幾個建議：

第一，產業經濟學科研要服務於國家發展戰略，要有政治站位。每一位經濟學人都要深刻領會習近平的講話精神，充分了解國家的經濟社會發展規劃，在國家發展大局下，做出建設性的研究成果。

第二，產業經濟學教學要為實體經濟發展服務。產業經濟學的教學要以實現中國新型工業化道路為目的。習近平多次強調：我們必須大力發展實體經濟，因為它是一國經濟立身之本，是創造物質財富的根本源泉。產業經濟學的人才培養要以發展實體經濟為重心。

第三，產業經濟學要為增強本國的產業競爭力服務。產業經濟屬於中觀經濟，其競爭力是國家競爭力和企業競爭力的綜合表現。中國產業總量較大，實力較弱，中國製造業是參與國際市場競爭的主力。因此，我們要牢牢依靠中國製造業的發展，充分發揮其在國際市場上的競爭優勢。

第四，產業經濟學科研要深入調研中國經濟實踐，為解決中國經濟實際問題出謀劃策。習近平指出：廣大科技工作者要把論文寫在祖國的大地上，把科技成果應用在實現現代化的偉大事業中。產業經濟學科亦應如此。

新冠肺炎疫情對中國經濟的影響是巨大的，疫情中以及疫情後如何儘快恢復中國經濟，保持經濟的穩定發展，需要經濟學家的建言獻策，但要立足國情，結合本次疫情的特點，為宏觀經濟、產業經濟、區域經濟以及財政金融等不同的方面提出具有針對性的方案和思路。

宜將短期對衝政策長期化，
促進結構性變化，增強中國供應鏈韌性

趙忠秀

山東財經大學校長，教授、博士生導師。兼任教育部高等學校經濟與貿易類專業教學指導委員會主任委員，中國世界經濟學會副會長，商務部經貿政策諮詢委員會委員。

　　新冠肺炎疫情對中國經濟乃至世界經濟的短期衝擊是非常明顯的，事實上做了一個"休克"式的壓力測試。在目前著力復工復產的努力下，產能利用率偏低和消費下降的雙重壓力仍然使得中國 2020 年第一季度的經濟增長率明顯下降，需要綜合施策促進經濟快速反彈，對此中央已作了系統的政策安排和具體部署，經濟平穩回升可期。此次疫情衝擊對處於結構調整中的中國經濟也提供了難得的結構性調整時間之窗，通過將若干關鍵性的臨時性措施長期化，實施結構性減稅降費，整體降低中國經濟的宏觀稅率，再施以數字化改造的牽引，穩定國際經貿外部環境，則能夠進一步增強中國產業鏈、供應鏈的韌性，提升勞動生產率，躍上高質量發展的軌道。對衝疫情施策不應當只關注短期的脈衝效應，更要產生結構優化、脫胎換骨的長期效應。

在過去的若干年中，中國經濟處於“三期疊加”的轉型之中，同時面臨貿易保護主義的外部壓力，經濟下行壓力巨大，中國採取了一系列適應性的改革開放政策，有的政策力度還非常大，如對外資准入政策的巨大調整，但由於政策效應的滯後性和有效性，深層次的矛盾並沒有得到有效解決，痼疾依舊存在。突出表現為中國雖然交通運輸基礎設施明顯改善，但全社會的物流成本一直居高不下；稅制複雜，費用佔比高，整體稅負高；金融資源配置低效，脫實向虛，金融行業利潤偏高，扭曲了貨幣資本與生產資本的利潤分配關係。這些問題嚴重阻礙了中國經濟的高質量發展，抑制了中國經濟的抗風險能力和國際競爭力。此次疫情暴露了這些深層次矛盾，中央所採取的政策直接擊中了病灶，並採用了非常之策加以扭轉，政策力度大，效果明顯。但是，短期刺激政策終究要適時退出，是退出後體制復歸，還是利用這次政策刺激進行深刻的結構性改革，形成長期政策紅利？這需要進行系統、全面、辯證的研究，並且有勇氣擔當。

第一，作為短期政策之一，中國的高速公路到 6 月底之前不收費，這對於降低經濟復工復產的成本是非常重要的。鑒於中國的物流成本是發達國家平均水平的 3 倍左右，大大抵消了中國的產業競爭力。借鑒歐美發達國家的經驗，可以將高速公路到 6 月底之前不收費改為直接取消中國的高速公路收費，補償辦法是提高燃油稅和車船稅，但要控制提高的幅度，使實際費用降低一半。另一個選擇是，考慮中國高速公路管理的現有業態，作為一項中期措施將現行的高速公路收費標準降低 50%，一定時候再取消收費。這種政策調整就是將現有的高速公路網作為整個社會的基礎設施和公用事業，其已形成的投資作為社會沉沒成本處理，這將大幅降低中國物流成本，提高中國生產型企業的成本優勢。

第二，在現有企業暫緩繳納職工社保、住房公積金的政策基礎上，研究並實施降低企業繳納相關費用的政策，以降低企業用工成本。大力推進稅制改革，調整稅收結構，增值稅稅率在現有基礎上再降低 2%，企業所得稅稅率再降低 2%，同時適當提高部分商品的消費稅，整體上實現中國宏觀稅負下降 3% 的目標。由此產生的支出缺口採用優化支出結構、適當增加財政赤字、擴大國債市場規模的方式加以消化。此長期政策將有助於持續改善營商環境，提高企業微觀活力和競爭力。

第三，中國中小企業融資難、融資貴是一個頑疾，即便採取"大水漫灌"增發貨幣的方式仍然造成經濟脫實向虛的局面，導致資產價格的嚴重扭曲，傷及企業競爭力和擴大消費的基礎。金融資源的壟斷和過度金融並存，大大降低了中國金融資源的配置效率，使中國 M2 貨幣供應量與 GDP 的比值長期維持在 2 倍以上，且有不斷攀升之勢，增加了金融體系的脆弱性和系統風險性。此次抗擊疫情中，通過窗口指導對生產抗疫醫護產品的企業貸款迅速、利率優惠，保障了醫護產品迅速擴產和新產能的形成，取得了明顯的成效。在疫情之後，應當擴大這種貨幣傳導機制的範圍，在風險充分評估的基礎上，擴大對微觀企業尤其是中小微企業直接信貸支持的範圍和力度，設定利率上限，限制對企業的表外業務和收費，劃定此類業務的最低規模，並對開辦此類業務的銀行總行定向降低準備金比率，以逐漸扭轉金融脫實向虛的局面，築牢金融支持實體經濟的基礎。

第四，新冠肺炎疫情已在國際擴散，尤其對中日韓的區域供應鏈、產業鏈和價值鏈可能產生衝擊。中國已經成為全球三大生產網絡的核心之一（其他兩國分別是美國和德國），日韓新冠肺炎疫情的蔓延會反向衝擊中國的供應鏈，進而影響到世界經濟。

中國在穩外貿、穩外資的同時，要加強與日韓的協調，防止外部供應鏈的衝擊乃至斷裂。要主動將原有中日韓供應鏈的串聯模式改造為並聯模式，並利用疫情爆發風險的時間差、地區差，實施利用外資的特殊措施，引導日韓供應鏈關鍵環節向中國轉移，增強整個東亞地區產業鏈、供應量的韌性，同時有助於中國在區域價值鏈中地位的攀升。

應該高度重視民生產業

屈賢明

中國工程院製造業研究室主任，國家製造強國建設戰略諮詢委員會委員，工業和信息化部智能製造專家委員會副主任，国家職業教育指導諮詢委員會委員。曾任機械科學研究總院副院長、研究員級高工、中國機械工業聯合會專家委員會委員。長期從事機械強度與振動技術研究，以及先進製造技術和裝備製造業發展戰略、規劃研究。曾參加《國家中長期科學和技術發展規劃綱要（2006—2020年）》、《裝備製造業調整和振興規劃》、《中國製造2025》等國家重要文件的制定工作。

在新冠肺炎疫情得到緩解和控制後，一個緊迫的新考驗擺在了全國人民的面前，即如何減輕疫情對中國經濟甚至世界經濟帶來的嚴重影響，這種影響不僅是當前的、顯性的，更應看到長遠的、隱性的。我認為，當前應該特別關注的是對第二產業特別是製造業的影響，並及時、精準地採取應對策略。

在與疫情鬥爭的幾個月裏，我們看到了中國的醫藥、醫療器械、食品、物流等與人民生計密切相關的產業能夠快速響應，基本滿足重災區和全國人民的需要，同時也看到這些民生產業存在嚴重短板，值得認真總結經驗和教訓，並在後續的發展中採取重大改革措施。只有這樣，全國人民付出的巨大代價才不會白費。

以下是我就民生製造業的發展提出的三點建議。

一、民生產業發展帶來的問題應高度重視

這次疫情防控，暴露出中國醫藥、醫療器械、食品等民生製造業發展存在嚴重短板。食品的安全一直是全國人民關注的焦點。近十幾年來，2003 年非典、2008 年甲肝、2008 年三鹿奶粉事件、2020 年新冠肺炎等影響極大的疫情及食品安全事件，都是 "病從口入"，食用不安全食品所致，也折射出中國食品工業的突出問題。2019 年中國工程院對中國六類有代表性的傳統製造業的國際競爭力和綜合水平與國際強國進行了對比，結果是：紡織、家電兩大產業處於世界領先水平（第一），鋼鐵、石油化工、建材三大產業處於世界先進水平，只有食品產業與世界強國差距大，差在食品安全性上。而對醫藥、高性能醫療器械的國際競爭力和綜合水平與國際強國對比也差距很大，這在本次疫情中也得以充分反映。

醫藥、醫療器械、食品、健身器具等健康產品製造業與健康管理、醫療服務、物流配送等健康服務業相結合，就構成了健康產業，具有拉動內需和保障改善民生的重要功能，是 "朝陽產業"，被美國著名經濟學家保羅·皮爾澤稱為繼 IT 產業之後的全球 "財富第五波"。發達國家健康產業增加值佔 GDP 的比重超過 15%，而中國僅為 4%～5%，差距巨大，是一個值得深挖的 "富礦"，必須引起高度重視。

二、醫療器械的自主創新和推廣應加快推進

近年來，中國醫療器械產業得到長足進步，如高性能醫學影像設備已達到國際先進水平，特別是從這次疫情防控來看，在醫療手術、診斷、體溫測量、配送、消毒殺菌等眾多場景中，機器人有效地代替人進行作業，降低了很多不必要的風險，使廣大民眾對應用機器人的認知有了很大提升。當前存在的問題是，雖然中國中高端醫療器械的自主創新能力和供給能力有了長足提升，但推廣應用難是最大瓶頸。在這次疫情防控中，國產自主品牌的醫療器械因能快速響應緊急需求而大放異彩。各級政府應抓住機會，大力推廣國產自主化的中高端醫療器械。中國人口眾多，特別是人口老齡化日趨嚴重，對各種醫療器械、健身器具、助殘和服務機器人的需求將會呈井噴式發展，必須抓住這個巨大的市場需求，促進中國醫療器械產業的大發展。

三、智能化改造前景廣闊

這幾年中國大力推進智能化改造並碩果纍纍，在這次疫情防控中已得到充分體現。相關的許多企業由於進行了自動化、數字化、智能化改造，可以在用工少、效率高的生產線上 24 小時不停地大批量生產急需的物資，一批經過改造或新研製的生產線在很短的時間就調試好並投入生產。隨著越來越多企業復工復產，面對"用工荒"的困局，經過智能化改造的企業優勢凸顯，有了更大的迴旋空間。

製造業是國民經濟的主體，是技術創新的主戰場。中國製造業已經邁入高質量發展階段，但是製造業低端產能嚴重過剩與中

高端產品供給能力嚴重不足、企業投資信心不強、有效投資疲軟的矛盾日益突出。因此，必須加大供給側結構改革，加快實施新一輪技術改造，走智能化改造的道路，引導企業將投資的方向從擴大產能轉向提高創新能力和質量效益的內涵式發展方式，穩定有效投資，並保持合理的增速，這是製造業高質量發展的迫切需求，也是疫情過後重整經濟、恢復經濟所應採取的重大對策。

疫情下提高產業"免疫力"的對策建議

黃漢權

國家發展和改革委員會產業經濟與技術經濟研究所所長、研究員。主要研究領域：產業經濟、農業農村經濟、城鎮化等。主持和參與國際國內重大課題100多項，多次參與國家重大規劃、重大戰略前期研究和重要文件起草工作，多項研究成果獲得中央、國務院領導批示。

突如其來的新冠肺炎疫情對產業產生了重大影響，其中服務業短期受衝擊最大，製造業因復工推遲、招工難、物流受阻和產業鏈銜接不暢，損失也不少；農業影響相對較小，但也要視疫情發展而定。無論哪個行業，受損最大的都是脆弱的中小微企業和底層群眾。作為突發變量，疫情衝擊是暫時性的，不會改變中國經濟長期向好的趨勢。但也不能掉以輕心，更不能把疫情影響與非典簡單比較。2003年，中國經濟處於加速上升期，非典好比迎頭浪，僅給經濟帶來些顛簸。眼下，經濟增速處於下行中，疫情猶如駱駝背上的稻草，可能與其他負面因素疊加共振，成為經濟放緩的放大器。

當前，重中之重仍是控疫情，同時也要及時採取措施穩經濟，儘快推進復工復產，特別是精準協助解決中小企業面臨的用工、稅負、租金、現金流等 "燃眉之急"，使其渡過難關。有了非典的經驗，各部門和各地方已迅速出台應對政策，從房租、稅費、補貼、信貸等方面給中小企業 "雪中送炭"。考慮到這次疫情衝擊力更大、中小企業處境更加艱難，除了儘快落實好已出台政策外，還應聚焦提高產業 "免疫力" 加大政策力度。

一、強化金融支持，防止資金鏈斷裂引發中小企業倒閉潮

大疫當前，影響企業生存第一位的是現金流。為此，金融政策要首先發力，避免企業資金鏈斷裂。

一是督促金融機構儘快落實好五部門聯合發佈的《關於進一步強化金融支持防控新型冠狀病毒感染肺炎疫情的通知》，對業務受困的中小微企業，尤其是受疫情影響較為嚴重的行業，實施定向降息、定向降準、定向再貸款，不得盲目抽貸、斷貸、壓貸。

二是綜合考慮全球金融低利率或負利率的時代背景和疫情觸發經濟進一步下行的壓力，建議實施普惠性降息降準，下調貸款基準利率 0.5 個百分點、存款基準利率 0.25 個百分點，同時降低銀行存款準備金率，降低融資成本，釋放更多流動性，幫助中小企業渡過難關。

三是協助解決企業間相互拖欠應收應付賬款問題，特別是督促地方政府、國有企業和大型民企儘快支付拖欠中小企業的項目資金，緩解中小微企業資金壓力。

二、加大減稅降費，幫助重點地區、企業和人群紓解困難

除落實好已出台的減稅降費政策外，財政政策還要精準加力。

一是發行 1 萬億元特別國債，支持受疫情影響較大的重點地區、重點行業（企業）、重點人群，儘快恢復當地經濟和產業發展。

二是對疫情影響較為嚴重的湖北省等地區以及交通運輸、住宿餐飲、批發零售、文化旅遊等行業，及時下調一年增值稅稅率 3 個百分點，同時免徵當年城市維護建設稅、教育費附加等政府性基金，減免房產稅、城鎮土地使用稅等。

三是對減免中小企業租金和物業費的民營商業地產企業，允許以減免租金和物業費的 70% 抵扣當年所得稅。

四是對個體工商戶、餐飲服務員、導遊等受疫情影響較大的中低收入群體免徵當年個人所得稅，或在個稅匯總申報時給予返回上年個人所得稅。

三、支持復工復產，推動經濟運行儘快恢復正軌

支持企業儘快復工復產，是幫助企業擺脫當前困境的根本之策。

一是分區、分業、分類指導，避免"一刀切"，全力支持各類生產企業復工復產。疫情較輕和連續 14 天新增疑似及確診病例零增長的地區，適時降低公共衛生安全事件響應等級，在做好防疫工作前提下，允許各類企業復工復產。疫情較重地區，分輕重緩急，有序推動生產類企業和非人流密集行業復工復產。疫情

嚴重的湖北省，優先保證保障民眾生活的重點行業復工復產。全面叫停部分地方 "行業禁令" "復工審批" "勸返外地員工" 等限制開工的做法，不得以任何藉口限制符合條件的企業復工復產。

二是協助解決企業復工復產遇到的用工、防控物資保障、原材料供應、物流運輸、市場開拓等實際困難，讓企業能夠順利開工復產達產，特別是不能讓防護用品短缺成為企業復工的掣肘。對暫時不能復工的企業，支持其靈活安排生產、在線辦公。

三是加強就業培訓和指導，對因疫情失業人員，在自願的基礎上，儘可能安排到臨時增加的維護公共衛生秩序等服務崗位，加大對因疫受災返貧群體的生產支持和補貼力度。

四、擴大國內需求，支持重點領域消費和補短板投資

要為疫情後消費報復性增長創造條件，並加大彌補產業短板的投資。

在消費方面，對受疫情影響嚴重的行業通過發放消費券、支持線上培訓、提前安排帶薪休假等方式，擴大旅遊、文化、培訓等服務消費；大力發展線上消費、遠程醫療等新型消費業態，培育新的消費增長點；加大消費信貸支持力度，鼓勵適度貸款消費，允許消費者將第一季度分期還款延至第二季度，對第一季度出現的延遲還款不列為失信行為。

在投資方面，加大公共衛生特別是流行病防治設施和服務投入，支持生物、中醫藥產業和遠程醫療新業態發展，培育新產業新動能；順應線上銷售、線上教育等數字經濟和居家辦公等 "宅經濟" 發展需要，加快 5G、人工智能、工業互聯網等新型基礎建設，加速發展數字經濟，推動產業數字化、智能化轉型。

以更有力、更有效的供給側政策
應對新冠肺炎疫情的衝擊

鄭江淮

南京大學產業經濟學系教授、博士生導師，經濟學院副院長。研究方向：產業創新、結構變遷和發展，全球生產分工與經濟增長，經濟發展與轉型。

當前中國經濟的發展水平、發展階段、經濟週期以及與世界經濟的聯繫較非典時期已經發生明顯變化。這次新冠肺炎疫情對中國經濟的影響程度更大，影響更為複雜，需要採取更有力、更有效的供給側政策來儘快彌補疫情造成的損失。

首先，中國經濟面對疫情衝擊的抗擊能力顯著增強，但經濟系統的脆弱性有所上升。2019 年中國國內生產總值達 99.1 萬億元，是 2003 年（11.7 萬億元）的 8.5 倍。第二、三產業總就業人數 2019 年為 5.8 億，比 2003 年（4.8 億）多 1 億。先進製造業、大數據、人工智能等新動能產業發展規模也數倍於 2003 年的水平。這意味著中國抵禦這次新冠肺炎疫情的實力大大強於非典時期。然而，由於經濟體量、結構的變化，即使疫情影響 GDP 下降的百分點與非典時期相同，對經濟造成損失的規模和波及效應也遠遠大於非典時期。其中主要原因是中國經濟目前已經進入服務業佔比大於製造業的發展階段，第三產業在總體經濟中的比重、對 GDP 增長的貢獻度均明顯反超第二產業，分別從 2003 年的 33.2%、26.2% 上升至 2019 年的 53.9%、60.5%。發展內需與服務業成為驅動中國經濟增長的主要力量。由於相當一部分服務業具有顯著的季節時效性，疫情期間對服務業的衝擊很大程度上是淨損失，難以通過疫情之後加班加點得到彌補。因此，中國經濟總體上受疫情衝擊的脆弱性顯著大於非典時期。

其次，面對疫情的衝擊，居民就業、收入下降與債務風險加大，金融風險隱患上升。相比非典，此次新冠病毒傳染性更強、潛伏期更長，地方政府和社會輿論重視程度更高，企業復工率要明顯低於非典時期。[1] 勞動力密集型行業就業形勢可能顯著惡化，導致失業率大幅抬升，收入增長預期下降。目前中國企業與居民端基本處於上一輪債務週期的頂部，企業部門仍處於去舊產能、降低槓桿的階段，過高的債務水平與經濟下行壓力，加之當前的低復工率加大了民營中小企業的生存壓力。居民和企業債務壓力增加，極有可能造成大面積資金鏈斷裂和債務違約，最終引發系統性風險。[2] 其中大量中小民營企業首當其衝，普遍面臨融資難、融資貴的問題，更有可能因為當前經營狀況的惡化和融資困難而破產。

---

① 根據對江蘇、浙江的調研，截至 2020 年 2 月 17 日，規模以上工業企業復工率在 7 成左右，中小微企業復工率要明顯低於大企業（江蘇規模以上工業企業復工數 31 379 家，復工面達 69%；復工企業已復工人數 347 萬人，佔正常用工數的 56%。浙江開發區規模以上企業平均復工率達 70.60%）。相比之下，2003 年非典疫情爆發是在當年春節之後，就全國來說企業生產秩序未受較大衝擊，用工水平基本保持常態。

② 在對江蘇企業最新的一項調研中發現，有 58.6% 的中小微企業認為此次疫情對本企業生產經營有嚴重影響，50.9% 的中小微企業現金流將在 3 個月內枯竭。

　　問卷調研顯示，疫情對於中國企業的衝擊是全面性的：超過八成的企業反映營業收入會受到一定的衝擊；超過 75% 的企業反映現金流會受到一定的壓力；超過六成的企業反映客戶的需求受到疫情衝擊而下降；接近一半的企業稱疫情期間物流受到較大衝擊，企業的產品和服務難以提供給客戶；還有接近一半的企業表示由於原材料採購存在困難和企業員工無法按期正常上崗等方面的因素，開工率和生產端受到衝擊。另一項有關企業現金流受衝擊問題的統計調查顯示，雖然經營性的問題是現金流面臨壓力的主要原因，但也有約一成企業談及銀行抽貸和貸款難以展期的問題。

　　最後，疫情對中國製造業的衝擊表面上可以通過加班加點得到彌補，但從產業鏈看，卻遭遇產業鏈斷裂、混亂，抵消了製造業延時和規模擴張的增長效應。中國作為世界工廠，在製造業全球分工中遍佈上中下游。如今發達國家跨國企業對中國工廠的依賴程度比 2003 年高得多，2019 年中國佔全球 GDP 的比重達 16.5%，2003 年僅為 4.4%。現在，中國的紡織品和服裝出口佔全球 40%，家具出口佔全球 26%。中國也是金屬等製造業原材料的消耗大戶。2003 年，中國吸收了全球礦業進口的 7%，如今已接近 1/5。

　　疫情首先衝擊手握國內外下游企業訂單的上游企業，進而波及下游企業，衝擊擴散效應遍及的世界範圍要比非典時期更加廣泛，世界各國進出口企業生產和經營都因此面臨較大的衝擊或不確定性。尤其是以美國為首的多個發達國家和地區限制中國航班來往，大大衝擊了服務於製造業基地的總部人員流動。美國商務部部長揚言要抓住這次疫情對中國製造業衝擊的"機遇"，加快製造業回歸美國。不僅如此，美國政府還宣佈在對美貿易中取消中國作為發展中國家的身份，加大對中國華為公司、航空發動機進口等限制。美國政府這些聲音和舉措對中國製造業深度參與全球化、攀升全球價值鏈高端環節造成了很大的不確定性。考慮到疫情已經在意大利、日本、印度、印度尼西亞、新加坡等國大規模擴散，本次疫情將對全球製造業產業鏈的穩定造成進一步衝擊。

基於上述判斷，應對疫情衝擊需"降成本、真救助、穩供給"，實施更有力、更有效的供給側政策，不僅要及時，而且要有一定的持續性。

一是突出財政政策的首要作用，加大財政支出扶持力度，給予企業減免稅收。加大疫情相關的財政支出，擴大研發、生產防疫救治物資的財政兜底範圍，提升防疫物資生產廠家的產量。減免受疫情影響嚴重的交通運輸、旅遊、餐飲、住宿等服務行業1—5月份的增值稅，企業虧損金額可抵減盈利月份的金額以降低所得稅。對稅務申報困難的中小微企業，由企業提出申請，依法辦理延期申報。對確有特殊困難而不能按期繳納稅款的企業，由企業申請，依法辦理延期繳納稅款，最長不超過6個月。對參與捐贈的企業和個人，予以企業所得稅和個人所得稅的抵扣，並不受現行企業所得稅稅前利潤12%限額的約束，以鼓勵更多的社會捐贈。

二是採取更有力、更有效的金融服務和流動性資金支持。對受疫情影響的中小微企業，給予1～3年應收賬款、流動資金貸款或其他信用貸款，也可由各級政府性融資擔保機構提供財政貼息擔保或抵押貸款，並取消反擔保要求。精準匹配企業需求與金融供給，切實加強金融機構對實體經濟的支持，在不抽貸、不限貸（例如，對到期還款困難企業予以展期或續貸）的前提下，在信貸等方面加大對企業支持，不局限於財務報表，而是從業務實質出發，有效化解企業面臨的合同融資困難，銀行機構應適當減免企業轉貸成本及服務項目收費。重點加強走出去企業信貸支持，對出口訂單因不可抗力而遭受損失加大保險支持。

三是減免或允許延遲繳納社保費及租金等，切實幫助企業減輕經營負擔。在此次疫情阻擊戰中，中小微企業是最廣泛的受災者。有關部門應允許企業按勞動合同約定標準正常支付工資，而無須雙倍支付。允許因受疫情影響面臨暫時性生產經營困難、確實無力足額繳納社會保險費的中小微企業，可減免或緩繳企業和個人的社保費和公積金，緩繳期最長 6 個月 [①]，6 個月後企業足額補齊緩繳的社保費和公積金，不影響參保人員的個人權益。對面臨暫時性生產經營困難且恢復有望、堅持不裁員或少裁員的參保企業，可給予社保費返還。對不裁員或少裁員的參保企業，可部分返還其上年度實際繳納的失業保險費。對承租政府舉辦的科技創業園、科技企業孵化器、眾創空間等國有資產類經營用房的中小微企業及團隊，免收一定期限房租；對在疫情期間為承租企業及團隊減免租金的其他各類載體，優先予以政策扶持。繳納房產稅、城鎮土地使用稅確有困難的企業，可申請房產稅、城鎮土地使用稅的減免。

四是實施貨物流通有關的優惠政策。交通運輸實施臨時性通道免費，降低疫情防控時期民營中小企業的物流成本；政府財政下撥專項資金，支持物流企業加大整合組織力度，形成綠色通

---

① 2 月 18 日國務院常務會議決定：階段性減免企業養老、失業、工傷保險單位繳費，除湖北外各省份 2—6 月可對中小微企業免徵上述三項費用，2—4 月可對大型企業減半徵收。6 月底前企業可申請緩繳住房公積金。各地須盡快制定具體執行辦法，讓廣大中小微企業早日受益。

道，解決運輸問題，保障疫情期間及復工後的各項運力。對於從事進出口業務的企業，實行“先放行、後清關”的短期政策，保證企業能夠儘快拿到貨物，儘快恢復生產。經空運、海運及火車運輸的進口貨物，由於假期延長，部分貨物已經超過海關規定的免倉儲費期限，建議一律免去企業在此期間產生的港口倉儲費，減輕企業負擔。支持企業儘快恢復對外貿易，為企業及時出具國際商事證明書服務，包括出具不可抗力事實性證明等，保障企業應對各類風險和通關結匯順利進行。發揮政府和國家駐外機構聯絡溝通職能，主動幫助企業緩解海外客戶擔憂，支持企業海外營銷。

五是加快推進中國先進製造業創新，進一步加強對人工智能、大數據等新一代信息技術突破和產業化的政策支持，在產業鏈全球分工波動和變遷中牢牢建立起以我為主、自主可控的全球價值鏈。

從中長期看，需要大力推進製造業創新，促進先進製造業企業加大創新力度，鼓勵國際創新合作、國際技術投資，加強國家、省、市製造業創新中心體系建設，加快關鍵產品及技術的國產替代進口的步伐。鼓勵加快新一代信息技術突破和產業化，“十四五”期間，在製造業方面，要深入推進智能製造示範區，加強全國範圍內智能工廠、智能車間建設，降低企業使用機器人的成本，提高機器人使用密度，促進製造業企業加快智能製造改造、轉型和升級；加快發展以公共醫療為核心的應急產業，提升產業智能化水平和產業鏈協作能力。

在服務業方面，對於疫情中興起的以雲計算、5G、線上業務為代表的新興知識密集型、信息技術密集型服務企業，加強對其創辦、擴張以及相應基礎設施投資的支持。

　　此外，要高度重視維護產業鏈安全，推進自主可控的全球價值鏈建設，加強產業關鍵核心技術研發攻關，搶佔全球製造業制高點；以知識產權保護為導向推進各類開發區從政策優惠地向營商環境高地轉變，進一步增強對於全球產業資本的吸引力；順應未來生產製造向消費地轉移的大趨勢，加快走出去，特別是加大向發達國家走出去的步伐，更好更快地適應當地消費市場。

加快從 "失序" 到 "有序"，
有效啟動經濟循環

顧 強

華夏幸福產業研究院院長、博士後工作站負責人。先後在紡織工業部、國家經濟貿易委員會、國家發展和改革委員會、工業和信息化部工作，曾任工業和信息化部規劃司副司長。長期從事工業發展戰略、規劃及政策研究工作。

近兩年中國經濟趨勢性下行，2020 年以來疊加新冠肺炎疫情的嚴重影響，對經濟衝擊巨大。從第一季度 90 天工時來看，工業和建築業（GDP 佔比超過 40%）因工時影響（製造業平均影響工時 10 天、建築業平均影響工時 15 天，並適當考慮連續生產行業的產能），當然這只是保守估計（從燃煤電廠發電情況看影響更大，目前復工只是企業數量佔比，不是產能佔比），影響 GDP 約 4.7 個百分點。再加上餐飲住宿、交通運輸、批發零售、文化娛樂（非線上部分）等服務業的影響，短期相當多的領域休克、停擺，對第一季度經濟增長影響已難以估算。按照用電量恢復、實際復工水平等情況判斷，2020 年第一季度中國經濟大概率出現負增長。因疫情影響增速下降已是事實，應該本著實事求是的態度對待。針對疫情中的中國經濟提出以下建議。

一、以更加鮮明態度，對"反應過度"糾偏，加快從"失序"到"有序"

各級政府出台了大量政策，但真正能救助的企業依然十分有限。最核心的是整個社會如何儘快恢復正常秩序，比如，公園的大門正常打開，社區的服務正常開放，企業的物流正常通暢。如對於非疫區的人，如去另一個非疫區出差，回來就隔離 14 天，秩序就無法恢復到常態。如果態度不鮮明，恐慌和不安情緒瀰漫，秩序無法修復，即使再多政策，都無濟於事。各級政府"既要、又要"的模糊態度導致基層左右為難，企業和公眾無所適從。需要更鮮明態度、更明確的措施（如復工安排計劃），使整個社會從"失序"到"有序"狀態。硬策略在傳播初期發揮的作用十分明顯，但隨著疫情的有效控制，防控策略必須做出適度調整，考慮採取"軟策略"，更多依靠各個組織和個人防控為主，以醫療資源承載力滿足基本需要為前提，做好疫情應對。

二、緊緊抓住牛鼻子——啟動有效需求、重啟經濟循環

各地都在啟動重大項目，但因外地工人回流不快，有的因需隔離也無法即時復工。最近不少政府在出讓土地，但地產銷售斷崖式跳水，基本無法進場施工，難以實質性啟動。企業不正常復工，投資需求以及對產業鏈上游的需求就無法形成。大量人口沒有回到工作地，很多消費就無法恢復。很多工廠已復工，但產能沒有完全恢復。經濟急停之後，如何使整個鏈條重新運行起來，需要突破啟動的最大靜摩擦力。政府需求先行啟動，其他基建和房地產需求也需儘快啟動，1—2 月份正常房地產銷售 1 萬

億元左右，目前看影響在 30% 以上，需求延後不能有效啟動，建材、建築、物流等上游和相關領域恢復就大打折扣。要根據市場需求恢復的特點，從終端需求入手，分類施策，經濟循環才能快速重啟。本次疫情中，供給端和需求端雙雙受損，供給端全面啟動受制於需求端，需求端的修復也有賴於供給端的復產率提升。所以，政策的著力點不僅要放在復工復產上，也要著力修復消費。

三、以確保企業存續為目標，對需求延後領域的企業債務實施新舊置換，避免系統性風險

目前看，由於正常經濟活動阻斷，在無法獲得外部新的融資性現金流支持的情況下，根據德勤企業信用團隊的估計，20%～30% 的企業在 6 月份前現金流會枯竭（上市公司）；非湖北地區約 20%～30% 的企業信用風險水平提升，湖北地區則約 35%～55% 的企業信用風險水平提升；恢復到正常的現金流水平，大部分企業需要 5 個月左右的時間。相當一部分公司第一季度收入降低 10% 以上，支出則是剛性的，收入降幅大的企業面臨著流動性風險。

過去幾年，在政府和城投債務中採取了債務置換。如果對於疫情影響較重、需求仍在但延後的公司進行再融資借新還舊，或對停擺期和恢復期到期債務進行展期，到恢復期結束再償還，企業生存狀況將會極大改善，銀行不良債務也不會急劇上升。目前銀保監會提出對新冠肺炎疫情影響較大地區的銀行適當提高監管容忍度，並給予一定的寬限期或靈活安排，建議對於相關行業受損企業也採取類似做法。目前看，債務鏈引發的問題會迅速增

加，要提前制定債務處置方案，防止"三角債"引發更大範圍的蔓延，使更多企業陷入困境，同時銀行和金融機構的不良率也會急劇上升。這就會使整個經濟"傷筋動骨"，需要引起高度重視。

四、尊重發展規律，按中心城市—都市圈—城市群路徑推進城鎮化向優勢區域集中

城市規模擴張和人口增長是對城市管理者治理能力的巨大挑戰。中國已出現世界上最大的城市化地區，這是由人口基數和地域空間特點決定的。若是將疫情蔓延歸咎於城市本身的高密度和流通性，而不去反思城市自身的治理體系和防控能力，就會採取控制城市規模、限制人口流入這樣削足適履的方式。亡羊補牢的做法是讓城市自身的治理體系和防控能力與城市規模相適應。

第一，補足城市公共服務短板，加強城市衛生"新基建"。如特大城市規劃"小湯山"模式的集中救治場所，設立移動式預製組裝式醫院。

第二，放開政府權力閉環，切實提升城市治理能力。僅僅依靠政府自身的職能部門遠不足以應對現代城市事務的複雜性。如武漢捐贈通過引入社會力量參與，極大地提升了物資運轉效率。

第三，優化城鎮空間結構，構建網絡化城鎮體系。借鑒東京都市圈新城發展的 TOD（以公共交通為導向的開發）和 SOD（以社會服務設施建設為導向的開發）理念，通過立體交通網絡有機連接都市圈周邊中小城市，形成立體交通網絡化、公共服務勻質化的城鎮化空間，真正實現"城市讓生活更美好"的初衷！

製造業企業復工復產難對宏觀經濟的擾動及其應對

沈坤榮

南京大學商學院院長，教授、博士生導師。教育部高等學校經濟學類專業教學指導委員會委員，江蘇省人民政府參事，南京大學——霍普金斯大學中美文化研究中心兼職教授，國家社科重大項目"中國經濟增長潛力與動力研究"首席專家，教育部"長江學者"特聘教授，國務院政府特殊津貼專家。兼任中國工業經濟學會常務副理事長。

　　全國復工復產陸續開啟，但是蘇南和浙江部分地區製造業企業復工存在一定困難，對產業價值鏈乃至宏觀經濟的影響較大。特別地，2020 年是全面建成小康社會和"十三五"規劃收官之年，如何將疫情擾動帶來的衝擊和影響降到最低，保持經濟平穩運行和社會和諧穩定？我認為，既要立足當下，統籌疫情防控與經濟社會秩序恢復，創造條件促進非疫情防控重點地區的製造業企業儘快復工復產；更要著眼長遠，針對本次疫情暴露出來的短板和不足，落實改革舉措，提供制度保障。

一、疫情給製造業企業帶來的衝擊——復工復產難

隨著新冠肺炎疫情的蔓延，製造業企業普遍出現復工復產難，具體表現為勞動力短缺、中間品供給不足、營商環境惡化。

第一，返工難——勞動力短缺。疫情對勞動力流動的限制加劇了戶籍制度引發的勞動力市場分割，城市本地勞動力可在家辦公或達到一定防疫標準後上崗，例如在本地隔離連續滿 14 天無任何症狀、所在小區未出現疫情。對農民工而言，交通阻斷影響返城，而社區封閉管理導致臨時居住場所短缺，進而影響返崗，如果企業不集中安排住宿或將被勸返。因此，短期內會出現"用工荒"。

第二，配套難——中間品供給不足。中國東南沿海地區的製造業垂直專業化分工程度較高，一個企業的產成品同時也是另一個企業的中間投入品，疊加企業追求精益生產，原材料和零部件庫存整體上處於較低水平，因此上游某一關鍵環節延遲復工會影響下游的正常生產。如果企業對疫情存在理性預期，並由此引發"囤貨""搶單"，這在一定程度上也會加劇中間品短缺。為了實現緊急供貨，短期內中間品進口貿易會快速擴張。

第三，經營難——營商環境惡化。短期內企業工資、社保、利息等剛性支出以及防疫措施[1]、交通管制引發企業運行成本上升，而產能不足導致現有訂單無法按時交付，資金鏈面臨斷裂風險。更令人擔憂的是，在防疫特殊時期部分地區主管部門掌握

---

[1] 除了保證口罩、消毒酒精、額溫槍等醫療物資至少一週的連續保有量，還要完成全面消殺防護、獨立分餐、健康申報、職工晨檢、應急措施等預備工作，直至主管部門完成現場審查。此外，企業法人要簽訂疫情防控承諾書，承諾自己作為本企業疫情防控工作第一責任人。

企業復工審批權，由於存在審批拖延，很多企業目前只能評估庫存信息，無法確定復產時間。另外，企業法人是企業疫情防控工作第一責任人，由於職工存在瞞報疫情的道德風險，如果出現疫情，企業法人將承擔連帶責任，企業將被迫停產。

二、企業復工復產難給宏觀經濟運行帶來負面影響

本次疫情已經對宏觀經濟運行產生負面影響，可能會引發中小企業倒閉潮、失業潮，破壞製造業產業生態，造成市場預期不穩、市場信心不足。

第一，引發中小企業倒閉潮、失業潮。與大型企業相比，面廣量大的中小企業更難獲取復工許可[①]，長時間的停工停產將加劇中小企業生產經營困難。儘管央行已經投放巨額流動性，大型企業和中小企業之間的資本錯配仍然嚴重。站在金融安全的角度，如果中小企業資金鏈斷裂風險進一步蔓延，就會誘發系統性金融風險。站在穩就業的角度，中小企業提供了 80% 以上的城鎮就業崗位，如果中小企業出現倒閉潮，會加大穩就業壓力，甚至出現失業潮，影響社會穩定大局。

第二，破壞製造業產業生態。疫情擾動引發製造業產業鏈、供應鏈中斷，抑制內外商務經貿活動，短期內部分行業有產業轉移替代的風險，由此引發的衝擊將超過美國特朗普政府挑起的中美貿易摩擦，威脅國家經濟安全。疫情結束後，中國企業將面臨

---

① 大型企業對地方的經濟貢獻大，可以不計成本做好防護，例如動用全球關係網絡儘快實現醫療物資到貨，而且目前應急物資清關很快，因此辦理復工許可證的週期較短。中小企業經濟實力有限、供貨渠道有限、進出口經驗有限，較難達到符合復工的防控物資標準，因此辦理復工許可證的週期較長。

更為複雜的國內外競爭環境。

第三，造成市場預期不穩、市場信心不足。當前的擔憂不僅包括短期內中小製造企業經營困難和產業轉移替代風險，還有投資、消費預期下滑。復工復產難和較大的不確定性可能引發市場主體的負面預期，導致企業延緩投資項目建設進度、居民推遲傳統大宗消費計劃。因此，在積極應對疫情的同時，需要加大宏觀政策調節力度，穩定市場預期，提振市場信心。

三、當前形勢下克服疫情擾動的幾點對策

總之，既要立足當下，統籌疫情防控與經濟社會秩序恢復，創造條件促進非疫情防控重點地區的製造業企業儘快復工復產，努力實現 2020 年經濟社會發展目標任務，更要著眼長遠，落實改革舉措，提供制度保障。

首先，立足當下，統籌兼顧。加強疫情特別嚴重或風險較大地區的防控，湖北省特別是武漢市依然是疫情防控的重中之重。在局部疫情得到全面控制的同時，非疫情防控重點地區要採取綜合措施促進製造業企業儘快復工復產。

第一，制定企業有序復工復產的路徑，即以製造業特別是外貿企業率先恢復生產為抓手，帶來局部生產性服務業的恢復生產，進而帶來生活性服務業的恢復生產，最終實現全面復工。

第二，分區分級制定差異化防控策略，對偏頗和極端做法要及時糾正，不搞簡單化，一關了之、一停了之，儘可能減少疫情防控對企業生產、人民生活的影響。特別地，通過加強國家免費救治新冠肺炎患者的輿論宣傳，增加職工申報身體異常信息的意願；通過為企業購買保險，降低企業由復工復產帶來的疫情

成本。

　　第三，完善支持中小企業的財稅、金融、社保等政策，緩解企業經營困難。

　　其次，著眼長遠，深化改革。針對本次疫情暴露出來的形式主義、官僚主義等問題，例如"一刀切、層層加碼"，有些疫情較輕地區盲目照搬疫情嚴重地區的防控措施，設置高復工門檻拖延復工等，既是部分官員懶政不作為、缺乏擔當的表現，也反映了地方政府治理能力和服務水平存在薄弱環節。為此，一方面要完善幹部考核評價機制，建立健全容錯糾錯機制，激勵廣大幹部新時代、新擔當、新作為；另一方面，要重構地方政府激勵機制，使其在創新發展、人才培養、城市群建設、產業轉型升級等層面繼續發揮正面作用。

對 2020 年積極財政政策的思考與建議

林毅夫

北京大學新結構經濟學研究院教授、院長，北京大學南南合作與發展學院院長，北京大學國家發展研究院名譽院長。全國政協常委、經濟委員會副主任，國務院參事室參事。曾任世界銀行首席經濟學家兼負責發展經濟學的高級副行長。

　　2020 年是全面決勝小康社會收官之年，受到中美貿易戰、國際經濟復甦緩慢和國內經濟結構調整的影響，2020 年中國經濟持續下行的壓力原本就不小，新冠肺炎疫情爆發並在世界多國蔓延，美國股市急劇下跌帶動其他國家的股市也紛紛應聲下滑，內外經濟形勢更是雪上加霜。面對此形勢，中國有必要保持貨幣政策的靈活和適度寬鬆來保證實體經濟融資的合理增長，同時，也有必要加大積極財政政策的力度來擴大需求，以穩定增長和信心。對做好積極財政政策，提出以下三點建議。

一、加大政府支持投資項目的力度

　　積極財政政策有兩種不同的方式：一是減稅降費；二是增加政府支持的投資項目。前些年中國的積極財政政策側重於減稅降費。受到新冠肺炎疫情影響較大的產業和中小企業 2020 年有必要繼續減稅降費以助其渡過難關，不過總體來說，積極財政政策的思路有必要調整為增加政府財政支持的投資項目。在經濟下行趨勢下，增加需求是穩定增長的關鍵。過去的看法認為，減稅降費會增加企業所得和家庭收入，由此投資和消費都會增加。上述機制有多大的作用取決於企業和家庭對未來經濟增長的信心。在國內外經濟下行壓力明顯的狀況下，企業和家庭即使所得和收入增加，但轉化為投資和消費的意願不會太強，中國 2018 — 2019 年減稅降費的效果就呈現這種情形。其實，美國特朗普總統上台以後大幅減稅也同樣出現未能實質刺激投資和消費增長的結果。當然如果從改善營商環境的供給側結構性改革的角度，還有減稅降費的空間。另外，為幫助受到新冠肺炎疫情衝擊的企業渡過難關，減稅降費還值得推行。但是，作為穩增長的措施，用政府的財政支持一些消除高質量增長瓶頸的投資項目的效果會更加直接。而且，這樣的投資不僅會帶來需求的增長，還會創造就業，增加企業和家庭收入，提振對未來的信心，投資和消費都會因而增加。

二、財政赤字率不必受 GDP 3% 的束縛

在國際和國內都有一個盛行的觀點，認為政府每年的財政赤字不應該超過 GDP 的 3%。這個觀點是 OECD 成員提出來的，但是 OECD 成員的情形和中國有兩點不同：

首先，OECD 成員的財政赤字主要用來支持消費方面的社會保障和失業救濟等，中國的財政赤字則更多用來支持投資。支持消費的項目用完了就沒有了，如此的財政赤字會形成淨負債；支

持投資的項目則會形成資產，政府淨負債的增加會少於表面的財政赤字。國際貨幣基金組織在 2018 年出具的報告認為，在評估政府的債務可持續性時不能只看負債總額和佔 GDP 的比率，更應該看淨負債的總額和比率。

其次，增長率不同。OECD 是高收入國家，經濟增長率低，每年最高也就 3%；中國還是發展中國家，過去 40 年 GDP 年均增長率高達 9.4%，即使現在有所放緩，也可以達到 6% 左右，是 OECD 成員的兩倍。債務是不是可持續和增長率是高度相關的。另外，和其他發展中國家相比，中國也有所不同。除了中國 GDP 的增長率較一般發展中國家高之外，中國政府的財政赤字都是以人民幣發行的內債而非外債，出現債務問題的國家通常是外債到期未有足夠外匯償還引起的，中國無此問題。

從上述分析來看，中國不需要以 OECD 國家提出的 3% 的財政赤字率來束縛自己的手腳，應該針對宏觀經濟的整體情況和國內經濟社會發展的需要來決定到底什麼是合適的赤字率。就當前情況而言，有必要也可以突破 3% 的界限。

三、政府投資應側重社會回報高的項目

政府的投資項目過去主要是用地方政府的投資平台來融資，現在改為地方專項債，這個辦法更為透明，是一個進步。目前中央的政策是，只要是好項目，地方準備好了，就可以發債。項目好壞的一個標準則是經濟回報率的高低。這個標準值得商榷，因為如果項目的經濟回報率高，企業就會投資，並不需要政府來做，需要政府投資的是企業不願意做但對社會經濟的高質量發展至關重要的項目。企業不願意做可能有兩個原因：一是項目的

回收週期長，10 年、20 年、30 年，甚至更長，回收週期長，佔用資金多，風險就大，企業承擔風險的能力低。二是項目有外部性，有利於提高整體經濟的運行效率和質量，社會回報率高，但是經濟回報率低。例如道路交通的路網基礎設施和環保項目。這些項目若只計算經濟回報並不見得合算，為了高質量的經濟、社會和生態發展，必須由政府負起投資的主要責任。對這種需要由政府來承擔的項目，國際貨幣基金組織在 2014 年 10 月份出版的《世界經濟展望》裏專門論述在經濟下行時來做最合適。所以，在準備政府項目、評估回報時，應該以社會回報而不是經濟回報為標準。

聚力社會安全　優化財政政策

白景明

中國財政科學研究院副院長、研究員、博士生導師。著有《公共經濟》、《資金市場》、《財政與發展》、《服務經濟學》等著作，在國內報刊發表論文、經濟評論 200 餘篇。

　　新冠肺炎疫情防控對中國的社會制度是一次考驗，各項舉措短時間成效顯著，充分表明有中國特色的社會主義制度能夠救中國、治理好中國。從此間人財物調配和全社會穩定程度看，建立完整自主的工農業生產體系、物流體系、基礎設施體系和國有經濟體系（包括國有金融體系）是完全必要的。恰恰是這些體系的完備保證了社會安全，使 14 億人口的國家在疫情突發期間沒有出現過度恐慌、物價飛漲、病無所醫、物資匱乏等問題。因此，今後中國必須堅持走自己的路。

　　財政是社會安全的基本資金保障體系。社會安全賴以存在的經濟體系的運轉與財政政策的支撐密不可分。財政對農業每年 6 000 多億元的投入和減免稅政策支撐了農業生產，使我們的飯碗端在了自己手裏；增值稅稅率大幅下調和企業所得稅加計扣除政策維持了門類齊全的製造業的穩定；每年上萬億元的基礎設施投入使基礎設施供求平衡度不斷提升；等等。今後積極的財政政策要提質增效，理應聚力社會安全，仍須更多從經濟安全角度確定政策方向、政策力度和政策實現方式。從當前疫情防控實踐啟示角度看，具體可從如下幾方面入手。

一、繼續實施減稅政策

針對疫情對經濟的負面影響，近期出台了一系列減稅政策：涉及增值稅、個人所得稅等多個稅種。但這些政策總歸是應急之策，現在還應探討維護經濟安全和社會安全的長期稅制安排，比如增值稅改革，前期降低了兩檔標準稅率，下一步應繼續推進簡併稅率，把目前的三檔標準稅率簡併為兩檔。簡併稅率似可考慮再度降低稅率，把 13% 的高檔稅率下調至 10%，取消 9% 的中檔稅率，低檔稅率仍可保持 6%。這樣做有三點積極意義：一是把最高稅率與低稅率差距縮小 3 個百分點，可確保增值稅收入降幅平穩；二是調低最高稅率可大幅減輕工業品生產和流通的稅負，從而確保工業生產體系和物流體系完整性長期可持續；三是兩檔稅率差距縮小可減輕改革難度，不至於使各行業在稅率遵從上過度討價還價，更多地體現了行業稅負公平。

二、加大支出結構調整力度

與發達經濟體相比，中國支出結構離散度比較高，個人間轉移性支出比重相對低，購買性支出和資本性支出比重比較高，其突出表現就是經濟領域投入較多。從實踐效果看，這是中國經濟發展模式選擇的必然結果，也確保了以經濟安全維護社會安全戰略的落實。但這次疫情也提示我們有必要再度調整支出結構。具體有如下三個方面問題需要解決：

一是調整農業投入結構。目前農業投入資金量大但高度分散。農業生產基礎環節投入相對不足，特別是種業發展投入相對薄弱。今後應在種子的生產、流通和儲存三個環節同步加大投入，把農民的農產品生產補貼和國產種子的推廣結合起來。這樣做的目的是逐步降低對國外種業的依賴，真正把飯碗端在自己的手裏。

二是加大物資儲備投入。物資儲備事關社會安全，更是應對緊急狀況的基本物質手段。目前中國的物資儲備支出在 2 000 億元左右，佔財政支出比重約為 10%。從 14 億人口和突發事件頻率以及產業波動程度看，投入規模明顯不足，今後應加大投入。其中至為重要的是調整儲備結構。目前儲備結構過於單一，基本上是糧油產品儲備。今後應增加日用工業品、基本醫療物資等的儲備投入，可從實物儲存投入和增加儲備基金投入兩方面入手。

三是增加公共衛生投入。本次疫情應對明顯暴露出了預算安排上的問題。比如短短兩個月的時間安排了 800 多億元投入，這從反面說明原有年度公共投入規模不能應對公共衛生支出需求。增加公共衛生投入應向衛生監督和重大流行病防控研發項目傾斜。

三、加快深化預算管理改革

本次疫情擴散面寬、擾動性強，直接影響要素流動。在此背景下，經濟下行壓力增強帶來的減稅額快速增加，外加政策性減稅，2020 年稅收增速勢必低於 2019 年的 1%。為此，只有加強預算管理才能緩解收支矛盾，必須依靠用好資金應對支出需求擴張，而不能靠赤字急劇膨脹來滿足支出需求。在當前的形勢下，尤其要高度重視防控物價上漲，其中更為重要的是防止出現赤字擴張型通貨膨脹。加強預算管理本質上是化解至少是緩解財政收支矛盾的基本途徑。加強預算管理的治本之策是深化預算管理改革。做到這點似可從三方面入手：

一是加快完善支出標準體系建設。其中至為重要的是調整支出標準結構，降低一般性支出的支出標準水平。

二是加強推進政府購買服務。事業單位供養是中國財政支出的重頭戲，今後應在加快推進事業單位改革基礎上優化財政支出。為此，有必要通過簡併機構、穩定隊伍的方式來減少事業單位數量，其後通過政府購買服務的方式實現公益類事業單位部分財政撥款的“撥”改“買”。這樣做即可節約資金又可提高資金使用效率。

三是完善預算績效管理。在這方面，關鍵是強化績效評價結果運行。堅決把基本支出績效評價與人員經費支出掛鈎，堅決通過績效評價壓縮掉不必要的項目支出。

防控新冠肺炎疫情，
財政政策要更加積極有為^①

朱青

中國人民大學財政金融學院教授、博士生導師。兼任中國稅務學會副會長、中國財政學會常務理事和北京市稅務學會副會長、國家稅務總局稅務幹部進修學院特聘教授。長期從事宏觀經濟管理、財政稅收理論、中國稅制、國際稅收、稅務籌劃及社會保障等領域的教學和研究。

2020 年 2 月 21 日，中共中央政治局召開會議，會議提出"積極的財政政策要更加積極有為"。

在理論上，所謂積極財政政策，就是財政預算要安排一定的赤字。積極財政政策在中國提了很多年，其對宏觀經濟的調控發揮了很大的作用。這些年來，在使用積極財政政策時也有一個"緊箍咒"，就是赤字率不能突破 3%，即一般預算赤字要在 GDP 的 3% 以內。這個 3% 被人們說成國際慣例，或者不能突破的"鐵律"。從這些年的實踐來看，中國的赤字率最高也就是 2016 年的 2.93%，2019 年是 2.8%，都沒有超過 3%。那麼，在 2020 年

① 本文首發自 21 財經，有修改。

防控新冠肺炎疫情，財政政策要更加積極有為的情況下，赤字率需不需要超過 3%，就成為一個值得研究的問題。

在回答這個問題之前，我們先說一下 "3%" 是怎麼來的。大家知道，歐盟在 20 世紀 90 年代初提出要推出歐元，但歐盟成員國一旦加入了歐元區就必須放棄本國貨幣。如此，歐元區國家就只剩下財政政策而失去了貨幣政策，形成了所謂宏觀政策的 "獨輪車"。這種條件下，如果歐盟不對歐元區國家的財政政策進行一定的限制，一旦有的國家出於各種原因在財政預算上多增加赤字，就要多發國債來進行彌補。但這時各國政府手裏已經沒有了自己的貨幣，只能靠發行歐元債來彌補赤字，這樣赤字規模的大小就會直接影響歐元區的市場利率。而歐元區的市場利率從理論上說只能由歐洲中央銀行來干預，不能受歐元區國家財政政策的影響。為此，歐盟在 20 世紀 90 年代初通過的《歐洲經濟和貨幣聯盟條約》（又稱《馬斯特里赫特條約》，簡稱《馬約》）中對加入歐元區的歐盟成員國規定了兩大財政紀律：一是財政赤字不能超過當年 GDP 的 3%；二是政府債務餘額佔 GDP 的比率不能超過 60%。那麼，為什麼當時《馬約》把赤字率定在了 3% 呢？這完全是歐盟兩駕馬車德國和法國相互妥協的結果。在歐盟國家中，德國的經濟實力最強，當時赤字率在歐盟國家中也是比較低的，1994 年才 2.4%；相比之下，法國的赤字率就比較高，達到了 5.8%。當然比法國赤字率高的國家還有，例如希臘為 10%，意大利為 9.2%，芬蘭為 6.4%，等等。由於德國的實力強，歐洲中央銀行也設在了德國的法蘭克福，所以在財政紀律問題上德國有很大的發言權，最後定在了 3%，別的國家要想加入歐元區就要大幅削減赤字。例如，希臘在啟動加入歐元區的 1999 年赤字率削減到 4%，還達不到《馬約》規定的標準，只能在 2000 年赤字率達標後才被允許加入歐元區。

但嚴格的財政紀律又捆住了各國財政政策的手腳。歐元區國家失去了貨幣政策，財政政策再受制於人，一旦面臨經濟波動如何進行宏觀經濟調控？考慮到這一點，《馬約》和以後的《穩定和增長公約》又都在財政紀律問題上開了個口子，即規定歐元區國家在偶然性的特殊情況下可以不受 3% 赤字率的約束。什麼是特殊情況？一是該國發生了不可控的事件，其對政府的財政狀況產生了很大的影響；二是該國發生了嚴重的經濟衰退，需要政府加大赤字規模以刺激經濟增長。例如，2008 年爆發的國際金融危機，給歐盟國家的經濟造成了很大的衝擊。為了應對這種危機，法國在 2009 年將財政的赤字率提高到 7.2%，2017 年才降到了 3% 以內；愛爾蘭 2009 年的赤字率甚至高達 13.8%；就連財政政策一向比較謹慎的德國，其 2009 年的赤字率也突破了 3%，為 3.2%，2010 年更上升到 4.4%。

由此可知，3% 的赤字率是當時歐盟啟動歐元時一個因地制宜的產物。況且，歐元區國家在經濟危機時都可以打破這個常規。

2020 年應對新冠肺炎疫情，中國財政一方面要投入巨大的資金防控疫情，例如購買醫療物資和設備，給醫務人員發放補貼，承擔患者的醫療費等；另一方面還要加大對重點行業和中小企業幫扶力度，特別是要支持住宿餐飲、文體娛樂、交通運輸、旅遊等受疫情影響嚴重的行業，要有針對性地出台減稅降費措施。這些都需要財政 "真金白銀" 地往外掏錢。然而，2012 年營改增試點開始以後，中國的宏觀稅負一直呈下降趨勢，一般預算收入佔 GDP 的比重也從 2012 年的 21.76% 下降到 2019 年的 19.21%。在財政減收增支的情況下，如果不放鬆對赤字率的限制，財政將很難應對 2020 年防控疫情的嚴峻局面。所以，我理解，為了貫徹執行 "積極的財政政策要更加積極有為" 的重要精神，財政可以考慮 2020 年將赤字率提高到 3% 以上。

當然，主張赤字率突破 3%，並不意味著主張政府今後年年都這麼搞。換句話說，財政在特殊情況下週期性赤字可以安排得大一些，但決不能搞成結構性赤字。所謂結構性赤字，就是在宏觀經濟總體平衡的狀況下安排的財政赤字。結構性赤字並不是宏觀調控所必需的，僅僅是政府急於求成、無限擴張的產物。今後，隨著疫情的消失，社會經濟恢復到正軌，赤字率還要儘量壓縮。否則，未來政府的債務負擔將會十分沉重。2019 年，中國一般預算支出中利息支出的佔比已經從 2010 年的 2.05 上升到 3.5%；中央本級支出中利息支出的佔比甚至高達 14%。長期來看，需要約束債務的規模。但目前的債務規模還沒有大到我們為了抗擊疫情都不能將赤字率一次性抬高到 3% 以上的程度。

眾人之事 —— 疫情下的應急財政建設

呂冰洋

中國人民大學財政金融學院教授、財政系主任，中國人民大學國家發展戰略研究院研究員。

　　財政作為政府配置資源的重要手段，勢必要在新冠肺炎疫情對抗戰中發揮重要作用，此時應急財政建設就顯得非常重要。

一、重大災情下政府與市場關係處理

　　重大災情不期而至，往往出乎人們意料，各種日常資源配置方式剎那間被打亂，各類信息會迅速傳播。這時政府一面要救災，一面還要應對隨救災而發生的各種突發事件，往往是扶起東來西又倒，有措手不及之感，工作容易處於被動狀態。此時政府要轉變"全能式政府"觀念，明確災情是關係千家萬戶的事，是"眾人之事"，要積極發動市場和社會力量參與救災，不能是政府一家在挑擔子，否則擔子是挑不動也挑不好的。

　　公共經濟學關於公共物品理論說明，只有帶有非排他性和非競爭性兩大特徵的物品才是純粹公共物品，也只有純粹公共物品才完全需要政府提供。事實上，屬於純粹公共物品性質的物品非常少，國防可算一例。其他大量物品是介於純粹公共物品和私人物品之間，屬於混合物品，舉凡教育、醫療、衛生等領域，均具有混合物品的性質。諾貝爾經濟學獎得主布坎南和奧斯特羅姆對此進行了深入研究，認為對於混合物品而言，私人自我組織完全可以克服"搭便車"問題，提供好該類物品。疫情既具有很強的外部性，同時防控疫情過程中，各種類型的資源配置也具有排他性和競爭性，帶有混合物品性質，因此要在防控疫情中開展廣泛的政府與社會合作。

重大災情中涉及大量公共資源的動用和配置，公共資源天然帶有公共性，為大眾所矚目。在調動公共資源過程中，政府要做到"及時、透明、合作"：政策發佈要及時，過程處理要透明，行動開展要合作。例如，在物資調配中，可以吸收像阿里巴巴、順豐那樣物流管理經驗豐富的私人企業參與；在捐贈渠道的設置上，可以開通更多民間組織參與的渠道。這次疫情中，武漢紅十字會一些舉措飽受質疑，除了有管理上的漏洞外，還與它承擔過多的職能有關。如果發動更多社會組織參與，質疑聲自然會小些。或者說，由於參與災情救治的組織較多，民眾的監督面和質疑點自然會更加廣泛，政府承擔的壓力自然會減輕。

二、疫情衝擊下公共基礎設施和公共物品供給

疫情衝擊下，公共基礎設施和公共物品會突然面臨緊張局面，此時應通過補貼、公共資源重新配置方式，立刻改善供給問題。

　　第一，及時運用財政補貼政策增加供給。防控疫情物資大多由私人部門生產，一方面需要允許其盈利才能調動私人生產積極性；另一方面要控制價格避免社會恐慌。此時最好的財稅政策是用財政補貼增加供給，例如宣佈口罩價格不變以安人心，但政府會對廠商生產的每個口罩予以財政補貼，並承諾對過剩產能進行收儲。其他可用的補貼政策非常多，如增加醫護人員補貼、定向金融支持的財政貼息等，這樣用一紙公文就可以調動各方積極性，從而在短期內增加供給。其他政策如稅收減免等政策，都不如財政補貼政策來得直接。

　　第二，分步實施，迅速改變公共資源配置方式以增加供給。通過 "小湯山" "火神山" 模式，固然可以通過新建公共設施來解決醫療資源不足問題，但在建設期內，大量患者得不到及時收治。實際上，公共物品供給不一定要通過新的公共生產來解決，在災情爆發之時，往往是災情處理最緊急時期，此時完全可以在建設新的公共基礎設施的同時，臨時徵用其他公共甚至私人基礎設施。其他措施如 "一省包一個地市" 方式，都是很好的中國式經驗，它可以迅速調動其他地區資源，實行對受災地區對口支援。

　　上述措施關鍵在於及時，災情如火情，災情如戰情，來不得猶豫和拖延。即使是救災措施和物資未到位，也要及時宣佈政策，讓人們安下心來。除了疫情嚴重的中心地區外，其他地區也應未雨綢繆，早論證，早儲備政策，以應對可能的突發供給不足問題。

三、疫情後經濟恢復和發展的政策

這次可以說是舉國之力應對疫情，對經濟不可避免會產生嚴重衝擊，大量企業面臨市場不景氣、資金流短缺的問題。要在應對疫情的同時，著手準備疫情後經濟恢復和發展問題。

一是實事求是，及時調整各個政府發展目標。疫情發生剛好處於各地方政府完成地方人民代表大會之時，此時地方政府已公佈政府工作報告和財政預算報告，受疫情衝擊，各地面臨著工作目標能否實現問題。此時應該降低計劃的約束性，允許各地根據當地經濟實際調整計劃安排。

二是提高財政赤字率，發行特別國債用於災後市場建設。在特別時期，可以突破財政赤字率 3% 限制，而按跨期預算平衡原則，實行"十四五"規劃期內赤字控制。疫情衝擊嚴重地區，經濟很難避免下滑局面，此時可以考慮發行特別國債，重點支持疫情比較嚴重地區的防治。

三是稅收政策要著重增加中小企業現金流。疫情打亂了市場節奏，大量企業的現金流出現短缺，面臨停工停產問題，對小微企業的衝擊尤甚於中大型企業。此時稅收政策應在緩解企業現金流約束方面下功夫，例如，可以實行延期繳納稅款、加快相關財政專項資金撥付速度、實行增值稅進項稅及時退稅政策。

四是儲備基建項目，疫情過後迅速增加投資。對交通運輸業、教育業、醫療業、處於擴張期的城市加大投資，以刺激需求、穩定就業、完善基礎設施和提高中國經濟潛在增長率。

五是社保政策兜底，避免失業衝擊。受疫情影響，一些中小企業會面臨市場萎縮、開工不足的問題，可考慮延緩繳納社會保障基金、對保持就業的企業按照上年同期工資標準給予一定比例補助、放寬失業保險和醫療保險領取標準等手段，通過社會保障"兜底"，以應對可能出現的失業風險。

　　總之，財政之事即是眾人之事，重大危機下的應急財政建設，更需要廣泛調動一切力量參與。要通過制度建設，促使政府與市場、政府與社會形成良好合作和信任，減少不必要的防範或猜疑，同舟共濟，把臂共行，渡過中華民族現代化征途中一道道難關。

簡議防疫、復產的貨幣金融政策 [①]

王國剛

中國社會科學院學部委員，中國人民大學財政金融學院一級教授，國務院政府特殊津貼專家。曾任中國社會科學院金融研究所所長、華夏證券副總裁。兼任國家社科基金規劃評審組專家、中國開發性金融促進會副會長、中國市場學會副會長，中國外匯投資協會副會長、中國金融學會副秘書長兼常務理事等。主要研究領域：貨幣政策、金融運行和資本市場等。

　　2020 年伊始，中國經濟社會運行秩序突遭新冠肺炎的嚴重襲擊。1 月 25 日（農曆正月初一），中共中央政治局常務委員會召開會議，就疫情防控進行了全面研究、部署和動員，提出疫情防控是各項工作的重中之重，"疫情就是命令，防控就是責任"，吹響了舉全國之力、全面打贏疫情防控總體戰阻擊戰的集結號。1 月 31 日，中國人民銀行等五部委緊急出台了《關於進一步強化金融支持防控新型冠狀病毒感染肺炎疫情的通知》，提出了貨幣金融支持疫情防控的 30 條政策舉措。一段時間來，這些貨幣

① 本文是國家自然科學基金應急管理項目（項目批准號：71850009）的研究成果。

金融政策進一步擴展並快速落地，成效正在逐步顯現。如何深化對這些貨幣金融政策的認識，需要進一步探究。

一、非常時期貨幣金融政策的特點

此番疫情襲擊正值春節假期的人口大流動期間，是 2020 年中國經濟社會面臨的最嚴重的危難，其影響面超過了 2003 年的非典。支持疫情防控的貨幣金融政策有著三個方面的特點：

第一，快速應變。防控疫情，時間就是生命。中共中央政治局常務委員會會議後僅 6 天，中國人民銀行等五部委就出台了金融支持疫情防控 30 條政策，其速度之快是歷史上罕見的（考慮到當時尚處於疫情蔓延期間，更是罕見）。30 條政策涉及中國人民銀行、財政部、銀保監會、證監會和外管局五部委管轄的各方面內容，在如此短的時間內形成了這一套政策組合拳，不僅顯示了五部委合作協調的內在機制之效能和協同防控疫情的合力，而且向國人宣示了中國金融在應對重大突發性應急事件上的能力。

按照往年慣例，春節之前是貨幣集中投放期，春節之後則是貨幣集中回籠期；面對 1 月份 CPI 增長率高達 5.4%（已是 2019 年 9 月以後連續第 5 個月超過 3%），通脹壓力增大，似應實行適度收緊銀根的舉措。但為維護疫情防控時期的銀行體系流動性合理充裕和貨幣市場平穩運行，中國人民銀行不拘泥於以往的慣例操作取向，在春節假期後（2 月 3 日）的兩天內，通過逆回購操作以利率下調 0.1% 的價格投放了 1.7 萬億元的資金。同時，通過常備借貸便利（SLF）提供臨時流動性支持，通過再貸款、再貼現、抵押補充貸款（PSL）等定向投放資金，有效保障了疫情防控和經濟金融運行多方面所需的資金供給。1 月份新增貸款

3.34 萬億元，創下歷史新高；2 月份（截至 2 月 17 日），已投放流動性達到 3 萬多億元。

　　第二，重點突出。貨幣金融涉及國民經濟的方方面面，直接影響著千家萬戶、千廠百店的日常生活和經營運作。面對疫情的多方面衝擊，金融組合拳也必然要從多角度展開對防控疫情的支持力度。從新增貸款看，對生產、運輸和銷售重要醫用物資和重要生活物資的骨幹企業實行名單制管理，通過專項再貸款機制向名單內企業提供 3 000 億元低成本資金，貸款利率在一年期貸款市場報價利率（LPR）基礎上再減 100 個基點（目前為 3.15%），中央財政按企業實際獲得的貸款數額進行利率貼息 50%，確保企業實際融資成本降至 1.6% 以下。另外，金融機構主動加強了與相關醫院、醫療科研單位和相關企業的服務對接，提供足額信貸資源，全力滿足它們在衛生防疫、醫藥用品製造及採購、公共衛生基礎設施建設、科研攻關、技術改造等方面的合理融資需求。從貸款存量看，金融機構積極調整區域融資政策、內部資金轉移定價、差異化績效考核辦法等措施，對受疫情影響較大的批發零售、住宿餐飲、物流運輸、文化旅遊等行業和受疫情影響暫遇困難的企業（特別是小微企業），落實不盲目抽貸、斷貸和壓貸的政策，對受疫情影響嚴重的企業到期款項予以展期或續貸。從個人信貸看，對受新冠肺炎影響的人員、參加疫情防控的人員和受疫情影響暫時失去收入來源的人群，金融機構實施了適當傾斜的信貸政策，靈活調整住房按揭、信用卡等個人信貸還款安排。同時，金融機構加強了全國範圍（特別是疫情嚴重地區）的線上服務，引導企業和居民通過互聯網、手機 APP 等線上方式辦理金融業務。在財政資金撥付方面，建立了財稅庫銀協同工作機制，構建疫情防控撥款 "綠色通道"，按照財政部門疫情防控資金撥付安排，及時展開資金撥付工作。

第三，維護市場穩定。疫情衝擊給經濟社會運行帶來一系列突發性不確定因素，嚴重干擾了金融市場的正常秩序。金融市場對各類信息高度敏感，疫情衝擊使得春節後的金融市場開市面臨著嚴峻挑戰。一些人擔心，在疫情蔓延的條件下，2月3日的開市將引致大跌的走勢，不僅使得市場投資者面臨投資損失，而且給經濟社會再添負面壓力，因此，呼籲延後開市。金融監管部門在權衡了各方面利弊和政策效應之後，依然於春節長假後如期開市。2月3日的上證指數收於2 746.61點（下跌229.92點），跌幅達到 -7.72%，滬深兩市3 188隻股票跌停，兩市成交金額4 965.08億元（比上一個交易日減36.73%）；但2月4日之後，滬深股市連續多日收於陽線，並突破了2 900點關口；2月19日，滬深兩市成交量達到10 388.15億元，再次突破了萬億元大關，由此，股市已企穩。從債市看，為了支持實體經濟發展和打贏防控疫情戰役，經國務院批准並向全國人大備案，2月初，財政部提前向35個省、自治區、直轄市和計劃單列市下達了2020年地方政府專項債券新增額度12 900億元。到2月中旬，這些債券的大部分或已發售或已落實發售預案。另外，為了支持防控疫情，防疫債應運而生。2月4日，第一隻低利率防疫債（武漢車都四水共治項目管理有限公司綠色項目收益公司債券）獲深交所無異議函。到2月14日，防疫債發行規模已突破569億元。到2月19日，證券公司發行的各項債券達到63隻，金額達1 322億元。從匯市看，疫情突然爆發，引致海外對中國經濟社會發展的擔憂，由此，衝擊了人民幣匯市。中國外匯管理部門通過建立外匯"綠色通道"，便捷外匯入賬和結匯，切實提高外匯及跨境人民幣業務辦理效率等舉措，保障了與防控疫情相關的用匯需求和外匯流動；同時，密切關注人民幣匯市的價格波動，積極採取措施，抑制匯價異常變化，2 月 14 日人民幣兌美元的中間價為 6.984 3：1，與 1 月 2 日的 6.961 4：1 相差無幾，維護了人民幣匯率的基本穩定。

中共十九屆四中全會《關於堅持和完善中國特色社會主義制度 推進國家治理體系和治理能力現代化若干重大問題的決定》強調：要"建設現代中央銀行制度，完善基礎貨幣投放機制，健全基準利率和市場化利率體系"；要"健全具有高度適應性、競爭力、普惠性的現代金融體系，有效防範化解金融風險"。在疫情突襲背景下，貨幣金融組合政策的快速出台和全面實施，既反映了現代金融體系的適應性明顯增強，有著應對突發性事件、解決災難性問題的適應性，也反映了這一金融體系的普惠性程度明顯提高，防範化解金融風險的機制正趨於成熟。

二、金融支持疫情防控政策的內在機理

針對疫情突發所出台的貨幣金融政策，是非常時期選擇的非常舉措，帶有明顯的"非常態"色彩。實際上，全面打贏防控疫情阻擊戰，對中國金融體系是一場大考，在此過程中貨幣金融政策貫徹著三個重要的經濟金融機理：

第一，金融體系的內部效率與外部條件的統一。馬克思主義哲學認為，世間任何事物的存在，既有著內部的根據也有著外部的條件。對金融體系而言，經濟社會生活秩序的狀況是各類金融機構展開經營運作的基本外部條件。在經濟社會生活秩序穩定時，金融機構經營運作和金融體系運行是無須額外付費的，維護經濟社會運行秩序的成本主要由財政支付。但在疫情爆發的非

常時期，經濟社會運行秩序受到嚴重衝擊。僅靠各級財政，不僅受制於財力限制，無力創造增量資金，而且受金融機制缺乏的限制，難以涉及金融服務的各個方面。一旦疫情擴散面加大，防控疫情時間延長，金融體系和金融機構也必然遭受嚴重損失，即"皮之不存，毛將焉附"。防控疫情的貨幣金融政策中雖然包含了降低信貸門檻、延長信貸期限、實行低利率等內容，但它們有利於支持實體企業（尤其是重要醫用產品生產、運輸和銷售的企業）的經營運作，提高了阻擊疫情的總體能力和防控疫情的效率。從這個角度看，為了打贏疫情防控阻擊戰，金融機構固然付出了一些代價，但為疫後的正常經營運作爭取到了寶貴的時間，得失權衡一目了然。

值得注意的是，任何經濟規律的存在和發揮作用都是有條件的。在條件非常的場合，運用非常舉措促使條件回歸正常，這本來就是經濟規律的內在要求。從這個意義上說，防控疫情的貨幣金融政策旨在加快恢復經濟社會運行秩序，為後期的金融體系運行創造正常條件，它本就屬於尊重金融規律和金融機制的範疇。

第二，金融體系的短期效益與長期效應的統一。在經濟金融活動中，時間是一個重要變量，效率通常按照時間長短計算，與此對應，資金、價格、成本、收益和競爭力等也通常依時間計量，因此，爭取時間就是爭取效率。此外，還有一個業務規模、市場規模、服務面、營業網絡等數量範疇。對任何一家金融機構而言，效率不僅與時間相關，也與規模相連。疫情爆發以後，為了防控疫情蔓延，各地均採取了以人員居家隔離為主的舉措，直接影響到眾多實體企業、政府部門、金融機構和其他機構的正常運作，也必然嚴重衝擊金融服務的各類規模。疫情每延長一天，金融、經濟和社會的直接損失和間接損失就增加一天，且與前期相比，後期損失有著倍加的概率。在這種背景下，出台支持疫情防控的貨幣金融政策，在短期內可能使得金融機構的經營運作成本有所提高、效益有所減少、不良貸款數額有所增加，但從長期看，這些損失是能夠得到有效補償的。由此來看，防控疫情的貨幣金融政策是有利於金融機構長期效應的。

第三，總體利益與局部利益的統一。在經濟社會框架中，金融與農業、工業等一樣，同屬於經濟的一部分；經濟與文化、教育、政治等均屬於社會範疇。習近平強調，要打贏防控疫情的總體戰阻擊戰。總體戰又稱"全面戰"，涉及經濟社會的各個方面。要打贏防疫總體戰，就必須有大局觀，一切從大局出發、以大局為重，由此，金融體系就必須服從全國經濟社會整個大局。在這場戰"疫"中，金融機構的本位利益必須讓位全局利益、服從大局利益。從這一角度看，為了維護經濟社會的運行規律發揮正常作用，金融體系做出某些暫時的犧牲是必要的。在這種特殊條件下，為了維護公共利益和落實以人民利益為最高標準，金融體系付出某些代價，很難用金融運行規律、市場機制等予以直接裁量。

2017 年 10 月，中共十九大提出，中國經濟發展進入新時代。"穩中求進"既是工作主基調，是治國理政的重要原則，也是做好經濟工作的方法論。在當前特定條件下，儘快穩住經濟社會生活秩序，堅決打贏疫情防控阻擊戰是各項工作的重中之重，與此相比，金融體系、金融機構的某些利益減弱或付出不必過於看重。

三、復工復產的貨幣金融政策重心

2020 年是全面建成小康社會、完成"十三五規劃"、實現第一個"百年"目標和實現三年攻堅戰目標的收官之年，在中國經濟社會發展歷史上有著節點性重要意義。2 月 12 日，中共中央政治局常務委員會進一步分析了防控疫情形勢，強調要加強疫情防控工作，堅決打贏疫情防控的人民戰爭、總體戰、阻擊戰，同時，要有序推動各類企業復工復產，保持經濟平穩運行和社會和諧穩定，努力實現中央確定的各項目標任務。

隨著防控疫情各項措施的見效，疫情突襲效應逐漸減弱，復工復產成為一項刻不容緩的緊迫工作。尤其是考慮到，一些實體企業（尤其是小微企業）僅有 1～3 個月的原料庫存、1～2 個月的流動資金，一些家庭（特別是農民工）僅有 1～3 個月的生活費存量，在各地方大多實行在家隔離措施的條件下，人工流和物流受到嚴重限制，如果再不抓緊時間復工復產，全國物流、資金流和人工流的不暢，不僅將引致市場供不應求缺口急速擴大，而且將引致就業率降低、務工人員收入減少，並由此引致一系列其他經濟社會問題，嚴重影響上述目標的實現。由此，政策取向的重心從全力打贏疫情防控阻擊戰轉向防疫、復工兩手抓，兩手都要硬。

在防疫、復工兩手抓的過程中，貨幣金融政策要繼續強化30 條的全面落實，同時，應當重視七個方面的政策措施：

第一，實行適度寬鬆且精準滴灌的貨幣政策。不論是防疫所需的各類醫用物資生產還是復工中各類企業的採購都需要有足夠的資金支持，由此，保證流動性供給是保障經濟社會生活恢復和步入正常秩序過程中不缺血的關鍵之舉。就此而言，可選擇的措施包括：再次降準，定向降準，適度降息，加大公開市場業務的力度，加大 SLF、MLF、PSL 和 TMLF 等的靈活操作力度。同時，進一步做好貨幣政策與財政政策的協調配合，既有效保障防控疫情的資金需求，又有效保障各類企業復工復產、重大項目建設的資金需求。

第二，完善快速便捷的審貸機制。實體企業復工復產所需資金主要由銀行貸款等提供，為了支持實體經濟部門復工復產盡快到位，保障經濟運行中的各類物資供給，商業銀行等金融機構應增大對實體企業信貸支持力度，其中包括：簡化審貸手續，加大綠色審貸通道的內容和寬度，建立特事特辦、急事急辦、重事重辦機制；適度降低貸款門檻、降低貸款利率、延長貸款期限，支持復工企業渡過難關；為復工企業量身定製金融服務方案，在地方政府的支持下設立專項融資資金，強化對重點、關鍵、救急等類型的企業支持；充分運用金融科技機制，增加網上、手機等載體的業務內容，提高線上業務能力；完善風險內控機制，增提壞賬準備，保障商業銀行等金融機構的資產質量不降低。

第三，加快債券市場發展。在積極支持地方政府專項債券發行的同時，積極支持復工企業的公司債券（尤其是"防疫債"）的發行，擴展發行規模，增加發行品種，延長債券期限，降低發債成本，簡化發債程序，同時，放開對實體企業和城鄉居民購買公司債券的限制，拓寬公司債券的認購對象，增加購債資金的來源。

第四，盤活企業定期存款。定期存款是在存期內不可動用的資金。2019 年底，非金融企業定期存款餘額高達 352 860.82 億元，佔非金融企業存款餘額的 59.26%。盤活這筆存款，對解決復工企業的流動性緊張狀況至關重要。盤活的路徑主要包括：放鬆對復工企業（尤其是人型企業和土幹企業）的貸款限制，使它們能夠在產業關聯基礎上向上下游企業放款，增強產業鏈的合作協同；准許實體企業購買公司債券，增大購債資金來源；准許復工企業根據經營運作需要，提前支取定期存款。

第五，加快落實股票發行註冊制。一方面，支持與防控疫情相關的醫用設備、用品和藥品等研製、生產相關的公司發股上市，增強疫情防控的物資供給，提高公共衛生保健能力；另一方面，支持在復工復產中具有重要影響力的公司和在產業關聯機制發揮主幹效能的公司發股上市，增強它們帶動或支持其他企業經營運作正常化的能力。具體舉措包括：簡化註冊制流程，縮短公司發股上市的註冊耗時；適度降低門檻，放寬准入條件，放鬆再融資條件；強化信息披露，增強市場監督；落實退市機制，提高股市運行質量。

第六，推進保險創新。疫情防控和復工復產給保險業發展提出了一系列新的挑戰和新的機遇。貫徹中央精神，總結成功實踐，借鑒海外經驗，可以推出一系列創新型保險產品和保險機制，豐富和拓展大災保險、大病保險和財產保險的品種，拓展保險在災害救助和社會管理等方面的功能。

第七，轉換金融監管理念。疫情防控和復工復產中的金融活動有著許多特殊性，客觀上要求金融監管轉變理念和方式，以穩定經濟社會大局和維護經濟發展為指向，運用“監管沙盒”機制，為支持疫情防控和復工復產相關的金融活動提供一個安全空間。具體措施包括：適度提高金融監管的寬容度，為特殊環境下的金融運作和金融創新提供一個相對寬鬆的外部條件；加快落實行為監管，弱化機構監管為主，實現金融監管對金融活動的全覆蓋；強化信息機制，健全金融數據統計和分析，把握金融運行的趨勢和適時動態；實行風險分類，將金融機構的操作風險交由金融機構自己承擔，推進金融機構風險內控機制的完善；堅決打擊各種違法違規的金融活動，避免給渾水摸魚者可乘之機。

新冠肺炎疫情下的貨幣政策定位

陳彥斌

中國人民大學國家經濟學教材建設重點研究基地執行主任、經濟學院教授。擔任《經濟研究》、《中國工業經濟》等權威期刊編委，《光明日報（理論版）》專欄作家，中宣部"馬工程"首席專家，甘肅省政府決策諮詢顧問。長期研究宏觀經濟學。

雖然新冠肺炎疫情只會給中國經濟帶來短期衝擊，不會改變中國經濟穩中向好、長期向好的基本趨勢，但是疫情所引發的經濟運行風險不容忽視，主要包括加大就業壓力、導致結構性通脹壓力進一步顯現、加大房地產市場的不確定性等。在應對疫情過程中，貨幣政策不應掣肘於結構性通脹壓力，而應該以應對當前經濟下行壓力為主要目標，而且需要儘快疏通貨幣政策向實體經濟傳導的渠道，提高貨幣政策調控效率。

一、疫情疊加經濟下行壓力是當前主要矛盾，需要加大貨幣政策力度進行逆週期調節，採用產業補貼等措施應對食品漲價問題

2020 年 1 月份和 2 月份的 CPI 同比漲幅分別為 5.4% 和 5.2%，連續 5 個月位於 3% 的目標值以上，也觸及了 2012 年以來的最高水平。CPI 漲幅出現了不斷擴大的態勢，反映出當前存在一定的通脹壓力。但實際上，本輪 CPI 的上漲主要是受豬肉價格上漲疊加肺炎疫情的影響，與經濟基本面不存在較大關聯。從剔除食品和能源價格的核心 CPI 漲幅來看，2020 年 1 月份和 2 月份核心 CPI 漲幅僅為 1.5% 和 1%，連續 17 個月位於 2% 以下的較低水平。整體 CPI 與核心 CPI 走勢出現了較為顯著的分化趨勢，對貨幣政策的制定造成了一定的困擾。

理論上看，貨幣政策的制定應著眼於核心 CPI 而非整體 CPI。這主要是因為，包含食品和能源價格的 CPI 容易出現預期之外的大幅波動，不僅容易擾亂公眾的通脹預期，也容易對貨幣政策空間形成制約。從國際經驗看，美國和日本等發達經濟體在實際操作中均採用了盯住核心 CPI 的貨幣政策。

因此，雖然整體 CPI 已經連續 5 個月超過 3% 的目標值，但這主要是食品價格出現了預期之外的大幅波動所致，剔除食品和能源價格的核心 CPI 始終位於 2% 以下的較低水平。有鑒於此，在當前中國經濟下行壓力加大的情況下，穩健的貨幣政策不應掣肘於整體 CPI 的上漲，而應堅持穩定經濟發展的最終目標，積極應對當前經濟下行壓力。受此次疫情的影響，餐飲、旅遊等行業受到的衝擊較大。作為逆週期調節工具的貨幣政策更應靈活適度，給予中小微企業更多的支持和幫助。

當然，中國豬肉價格大幅攀升所引起的 CPI 漲幅擴大問題不容忽視。2019 年中國居民的恩格爾係數是 28.2%，農村居民的更是高達 30.0%。相比之下，美國和日本居民的恩格爾係數分別僅為 8.1% 和 18.2%。由此可見，食品消費支出在中國居民總體消費中的佔比依然較高。近些年中國居民收入差距維持在較高水平，而且出現了中等收入人群的收入增速相對下滑的新現象。豬肉價格上漲會帶動食品價格整體上漲，會在一定程度上增加中低收入人群的生活負擔，因此需要宏觀政策積極應對。有效解決豬肉價格上漲的問題不能僅依靠總量調節的貨幣政策，還需要財政補貼政策等其他針對性較強的經濟政策的協調配合，形成合力共同實現價格穩定的目標。

二、大力提高貨幣政策傳導效率，更有效地支持實體經濟發展，防止資金空轉

事實上，面對本次疫情，貨幣政策反應及時主動，通過公開市場操作、再貸款等多種手段釋放了較為充裕的流動性，並通過政策利率積極引導市場利率下行。但是，也應看到，目前貨幣政策效果更多體現在股市的快速上漲之上，資金"脫實向虛"與在金融市場"空轉"的問題再度顯現。如果不能及時解決這一問題，儘快疏通貨幣政策向實體經濟傳導的渠道，那麼貨幣政策不僅難以起到穩增長、穩就業等作用，而且還會加劇金融市場的泡沫化風險。一旦泡沫破裂，將會對實體經濟造成二次打擊。有鑒於此，應該儘快疏通貨幣政策向實體經濟傳導的渠道，提高貨幣政策調控效率，是當前亟待解決的關鍵問題。更為重要的是，除了本次疫情導致的短期經濟下行壓力之外，中國經濟還疊加了人口老齡化等長期性因素與結構性因素引發的中長期下行壓力。在如此複雜的局勢下，更需要提高貨幣政策調控效率。

事實上，中國貨幣政策傳導不暢是一直存在的老問題，其根源在於經濟與金融體制上的扭曲。一方面，實體經濟中存在一些

預算軟約束部門，對信貸資金存在大量需求，擠佔了其他部門的信貸資源。另一方面，在利率仍存在一定管制的背景下，商業銀行可以獲得穩定的淨息差，因而不願過多承擔風險，也更有意願將信貸資源投放給這些預算軟約束部門。近年來，受經濟增速下滑與企業債務違約風險加大等因素影響，商業銀行對實體經濟的信貸投放意願進一步減弱，這導致貨幣政策傳導不暢問題更加凸顯，民營企業尤其是中小企業的融資難、融資貴問題加劇。

因此，在疫情背景下要提高貨幣政策調控效率，需要標本兼治，將短期舉措和長期政策有機結合。具體而言，主要應做到以下幾點：

一是加強貨幣政策、宏觀審慎政策與微觀金融監管三者的協調配合，降低資金"脫實向虛"的傾向，並發揮宏觀審慎評估體系的結構引導作用，推動資金更好地流入實體經濟，提升貨幣政策效果。

二是可以適度通過結構性貨幣政策，引導金融機構加大對特定區域、特定行業（"三農"等領域）、特定群體（主要是小微企業）的扶持。但是，貨幣政策本質上是總量型政策，過度用於"調結構"將會導致貨幣政策傳導機制產生扭曲，降低調控效率。因此，結構性貨幣政策只能作為特殊時期的權宜之計，不能長期化、常態化使用。

三是要加強貨幣政策的預期管理與前瞻性指引作用，給予公眾信心和穩定的預期，從而有助於促進經濟增長動力的穩健恢復。

四是積極推進供給側結構性改革以破除經濟與金融體制上的扭曲，並加快利率市場化的改革步伐，這是疏通貨幣政策傳導渠道與提高貨幣政策調控效率的根本之道。

完善消費政策
促進消費回補和潛能釋放

胡　敏

中央黨校（國家行政學院）習近平新時代中國特色社會主義思想研究中心研究員，中央黨校報刊社副社長。中國礦業大學文法學院兼職教授，南京審計大學客座教授。入選 2019 年度中宣部文化名家和"四個一批"人才。主要研究領域：宏觀經濟政策、產業經濟、政府改革、文化管理等。

　　新冠肺炎疫情從年初爆發以來對中國經濟已造成不可避免的嚴重影響。疫情衝擊下，多數經濟活動接近半停擺狀態，消費領域受到重創，餐飲、零售、旅遊休閒、電影、交通客運等行業損失嚴重。像春節檔票房收入損失近 100%、入境港澳旅客下滑超 8 成、近 8 成調研餐飲企業損失超 100%、交通客運量下滑在 50% 以上。綜合各方面保守估算，第一季度疫情對消費的總影響在 1.38 萬億～1.8 萬億元。如果把消費需求折換成經濟增長，第一季度消費肯定是負增長，對第一季度 GDP 會連帶 3～4 個百分點的下跌影響。

　　按照 2019 年末召開的中央經濟工作會議部署，2020 年要實現全面建成小康社會目標和"十三五"規劃順利收官,堅決打贏脫貧攻堅戰,經濟增長至少應在 5.7% 左右。根據年初對 2020 年國內外經濟走勢的研判,國內經濟下行壓力繼續加大,疫情的發生對 2020 年國內經濟更是"雪上加霜"。僅從消費領域看,2019 年第一季度中國經濟增長為 6.4%,也是全年四個季度最高值,全年經濟增長為 6.1%。因為春節假期因素,消費增長一般也處於全年高位。2019 年第一季度社會消費品零售總額為 9.78 萬億元,同比名義增長 8.3%,全年社會消費品零售總額首次突破 40 萬億元大關,達到 41.1 萬億元,同比名義增長 8.0%。消費對經濟增長的貢獻率超過 60%,連續 6 年保持經濟增長第一拉動力。這說明消費作為驅動中國經濟增長的"三駕馬車"之一,在當前抵禦經濟下行壓力加大、促進經濟轉型升級中尤為重要。受疫情影響,按照 2020 年第一季度經濟增長 3% 測算,後三個季度經濟增長平均需要達到 6.6%,實現這一任務已是相當艱難。但從另一個角度看,當前和今後一個時期出台更有力度、更加全面的消費刺激政策,努力將經濟運行儘快拉回正常軌道,十分關鍵。

2020 年 3 月 4 日中央政治局常務委員會會議全面分析當前形勢,認為經過全國上下艱苦努力,我們已初步呈現疫情防控形勢持續向好、生產生活秩序加快恢復的態勢,就此明確提出:當前要把復工復產與擴大內需結合起來,把被抑制、被凍結的消費釋放出來,把在疫情防控中催生的新型消費、升級消費培育壯大起來,使實物消費和服務消費得到回補。而從更長一個時期,必須變壓力為動力、善於化危為機,有序恢復生產生活秩序,強化"六穩"舉措,加大政策調節力度,把中國發展的巨大潛力和強大動能充分釋放出來,努力實現今年經濟社會發展目標任務。筆者認為,當前和下一步消費政策實施要按照兩個層面設計和考量。

一、即期消費政策要著力於回補消費需求

從目前疫情發展形勢看，國內疫情已得到控制，但國際疫情蔓延勢頭還在加劇，並有可能從疫情危機向經濟危機轉化，堅決守住國境大門嚴防外部輸入是第一要務。而受外部影響，至少2020年上半年中國進出口形勢不容樂觀，因此要穩住國內經濟基本盤，就必須穩住國內有效需求，一方面要促進除疫情重點地區外的其他地區加快一批重大項目、重大工程復工復產和開工建設；另一方面要實施刺激性消費政策，努力回補第一季度的消費缺口。

一是繼續落實落細即期財政金融政策，用好用足減稅降費、社保費率減免、貸款展期、財政貼息等綜合手段，在促進製造業全面復工復產的同時，對零售、餐飲、流通、交通運輸等中小商業企業實施有序開業，鼓勵開展非接觸式銷售，採用整賣零點方式擴大營銷，儘快回補一部分消費需求。

二是進一步從政策上支持疫情時期異軍突起的線上教育、娛樂、醫療、辦公等數字經濟新業態新行業，要有力引導社區、鄉鎮、街道和居民樓宇住所周邊的門店式商業企業開展網上訂單式、集群化營銷促銷，將城鎮居民消費需求融合到城鄉社區數字化消費網格化管理中，積極探索網絡式消費服務。

三是積極穩定汽車等傳統大宗消費，鼓勵汽車限購地區適當增加汽車號牌配額，適當放寬或取消限購，帶動汽車及相關產品消費，釋放限購城市積壓需求。其中，進一步優化便捷措施和優惠政策，鼓勵老舊汽車報廢更新，鼓勵新能源汽車消費，針對特定人群（醫療防疫相關等）進行更大力度的家用車消費補貼。

四是在保持"房住不炒"政策前提下，在一二線城市適當降

低購房首付比例，鼓勵有真實需求的居民特別是新入戶大學生進入二手房交易市場，進一步擴大廉租房在城市房屋中的比例；在三四五線城市進一步消除戶籍門檻，鼓勵農村人口進入城鎮居住。

五是對低收入人口或臨時性失業人口進行適當的消費補貼，比如發放一定數額、滿足生活必需的衣食住行的定向消費券，類似於糧票，但必須有一定使用用途和使用期限，不能溢價交易，所用資金先是財政支出，未來用消費型債券或消費貸形式後期分擔。

二、中長期消費政策要著眼於充分釋放消費潛能

2013 年以來，中央已作出明確判斷，中國經濟已進入新常態。其中，在消費需求領域，模仿型排浪式消費階段基本結束，個性化、多樣化消費漸成主流。從 2018 年底中央經濟工作會議強調 "促進形成強大的國內市場"，2019 年中央政治局會議提出 "多用改革辦法擴大消費"，在中美貿易摩擦背景下，消費在整個經濟中的地位將進一步提升。2020 年是 "十三五" 規劃收官和 "十四五" 謀篇佈局之年，消費將成為中國經濟實現高質量發展的主要動力源。這次疫情爆發，也將進一步促進中國發展型消費、服務型消費成為今後消費政策的著力點。

2018 年 10 月國務院辦公廳印發《完善促進消費體制機制實施方案（2018－2020 年）》，按照高質量發展的要求，順應居民消費提質轉型升級新趨勢，聚焦引導形成合理消費預期、切實增強消費對經濟發展的基礎性作用這一目標任務，強調要依靠改革創新破除制約居民消費最直接、最突出、最迫切的體制機制障

礙，積極培育重點消費領域細分市場，全面營造良好消費環境，進一步激發居民消費潛力。2019 年，針對受國內外多重因素疊加影響、當前流通消費領域仍面臨一些瓶頸和短板、商品和生活服務有效供給不足、消費環境須進一步優化、城鄉消費潛力尚須挖掘的客觀現實，為推動消費創新發展，優化消費環境，促進商業繁榮，激發國內消費潛力，國務院辦公廳又印發了《關於加快發展流通促進商業消費的意見》，這對穩定消費預期、提振消費信心具有重要導向作用。在疫情過後，一系列積極消費政策還需要進一步落實、細化和加強。

一是要進一步培育擴大新消費熱點。這次疫情可以看出，一批新興消費潛力加快釋放，要以此為契機，積極豐富 5G 技術應用場景，帶動 5G 手機等終端消費，推動增加電子商務、電子政務、網絡教育、網絡娛樂等方面消費。還要更好地滿足居民健康生活消費需求，進一步培養居民健康生活習慣，引導企業加大對相關產品和服務供給，擴大綠色食品、藥品、衛生用品、健身器材的生產和銷售。消費熱點一旦形成，具有強大的示範效應，從而極大地促進即期消費。

二是要進一步放寬服務消費領域市場准入。進一步實施促進鄉村旅遊提質升級的政策措施，擴大文化創意產品開發試點範圍，合理放寬社會辦醫療機構配置大型醫用設備規劃預留空間，取消養老機構設立許可，開展家政服務標準化試點示範建設，舉辦高水平中外合作辦學機構和項目等政策措施。

三是要完善促進實物消費結構升級的政策體系。主要包括大力發展住房租賃市場、發展壯大綠色消費、促進智能汽車創新發展、加快推進 5G 技術商用等政策措施。

四是要健全完善消費領域信用體系。主要包括完善消費領域信用信息共享共用機制，在部分地區試點建立失信企業懲罰性賠償制度，完善食品、藥品等重要消費品召回制度等政策措施。

五是要優化促進居民消費的配套保障。主要包括制定出台新個人所得稅法相關配套制度和措施、積極開展個人稅收遞延型商業養老保險試點工作、加快消費信貸管理模式和產品創新、深化收入分配制度改革等政策措施。

當然，消費政策看起來在消費端，其實質在供給端。在中國消費結構轉型升級的今天，"供給創造需求"更有現實意義。此次疫情不僅揭示出我們在消費產品、消費服務上還有不少短板，在城市治理、公共品供給方面也有許多缺失，彌補這些短板就會創造出更大的需求、釋放出巨大的消費潛能。

深化財政支出制度改革　建立與高質量發展階段相適應的消費性財政體制

吳金明

中南大學商學院教授，湖南省政協常委，湖南省政協經濟科技委員會主任，九三學社中央委員、九三學社湖南省委副主委。主要研究領域：產業組織理論與政策、區域經濟理論與政策、企業戰略管理。

不管怎麼去分析，新冠肺炎疫情這隻"黑天鵝"的確給中國經濟發展帶來了巨大的負面影響：國內消費大幅降低，國際需求明顯受阻，製造業、房地產、基建投資基本停滯，餐飲、旅遊、電影、教育培訓等行業幾乎停頓，民營小微企業、彈性薪酬制員工、農民工等遭受重創。一改中國經濟長期"開門紅"的慣例，2020 年出現了少有的"廢頭廢臉"情形。當然，在以習近平為核心的中共中央的堅強領導下，舉國上下，抗擊疫情，成效顯著，目前疫情得控，中國多數省區已進入後疫情時代。除湖北省外，全國正轉入一手抓疫情防控、一手抓復工復產的"兩手抓""兩手都硬"的新階段。為儘快恢復國民經濟運行秩序，儘快使社會生活走上正軌，我建議：搶抓機遇，深化財政支出制度改革，建立與高質量發展階段相適應的消費性財政體制。具體理由如下：

一是適應中國進入新發展階段的需要。目前，中國私人物品領域供過於求，出現了產能和結構性“雙過剩”；而公共物品領域則供不應求，特別是高質量的教育、醫療、養老等民生物品嚴重不足。“一座難求”“一床難求”“一藥難求”成為常態。

二是深化中國供給側結構性改革的必然要求。2019 年中國減稅降費的規模達到萬億級規模，2020 年還要進一步加力，財政收入必然會減少，而處於脫貧攻堅和全面建成小康社會的決戰決勝年，財政支出又不得不增加。因此，破解減收增支的矛盾，可考慮將實施多年的減稅降費政策上升到消費性財政體制的高度一次性破解。因為消費性財政要減少收入範圍和規模，也相應減少了經濟建設方面的投資，除了涉及國家核心利益的國家大科學裝置和保密性重大工程項目外，其他經濟建設投資完全可以交由市場。這樣，隨著消費性財政體制的定型，減稅降費就變成一種長效機制，不僅有利於降低交易成本，也可集中精力和財力改善民生，建立健全國家應急體系和治理體系等，真正實現“讓市場在資源配置中發揮決定性影響和更好地發揮政府作用”的改革目標。

三是建立與高質量發展階段相適應的財政體制。基於馬克思的勞動價值論，中國幾十年來的經濟高速增長是基於物化勞動消耗與價值轉移或“拋物線”軌跡的“硬價值”主導的增長，具有高資源消耗、高環境污染、高負債拉動和高速度增長的“四高”特徵；而高質量發展則主要是基於活勞動消耗與創造的指數增長和螺旋式上升的“軟價值”主導的發展，具有文化、健康、智慧“新三需”拉動，人力資本、科學技術、大數據“新三要素”驅動和新理念、新動力、新動能“三新”引領的發展特徵。與這些特徵要求相適應，財政體制需要深化改革突破。經濟高速增長階段的財政體制是典型的生產性財政體制，建設性財政特徵突出，資本性支出佔比較高，1998—2018 年的 20 年間中國這一比例在 15%～20% 之間，如果加上央企和省屬國企的相關支出，則為 30% 以上，達到贊比亞、印度尼西亞等國的水平，亦即全球最高水平 [1]；高質量發展階段則適合於建立消費性財政，亦即將財政支出的重點轉向民生性財政，大幅提升經常性支出比重，按照國際慣例，應達到 85% 以上。從湖南省的情況看，2010 年以來湖南省級財政支出用於民生支出的比重年均都在 71% 左右，全國各省情況雖然大致如此，但從趨勢性看，地方財政用於民生支出的比重在不斷增長、持續上升，都有轉入消費性財政體制的可能。

　　四是完善國家治理體系和健全國家應急管理體系的需要。《關於加強黨的領導、為打贏疫情防控阻擊戰提供堅強政治保證的通知》和 2020 年 2 月 14 日習近平的重要講話精神都表明，完善國家治理體系、提高治理能力關係到黨和國家及人民的命運，是當前和今後需要長期加強的緊迫任務；確保人民群眾生命安全和身體健康，是黨治國理政的一項重大任務。既要立足當前，科學精準打贏疫情防控阻擊戰，更要放眼長遠，總結經驗、吸取教訓，針對這次疫情暴露出來的短板和不足，抓緊補短板、堵漏洞、強弱項，該堅持的堅持，該完善的完善，該建立的建立，該落實的落實。完善重大疫情防控體制機制，健全國家公共衛生

---

[1] 資本性支出項目有：（1）固定資本資產購買；（2）存貨購買；（3）土地和無形資產購買；（4）資本轉讓。資本性支出在 5% 以下的國家有美國、瑞典、比利時、意大利、澳大利亞、南非、巴西、俄羅斯；5%～10% 的有西班牙、土耳其、英國、德國；10%～15% 的有印度、加納、巴基斯坦；15%～20% 的有中國、韓國、馬來西亞、埃及、菲律賓、智利、肯尼亞；20%～30% 的有泰國、新加坡；30%～35% 的有贊比亞；35%～45% 的有印度尼西亞。

應急管理體系。顯然，無論是完善國家治理體系，還是健全國家應急管理體系，都應該置於建立消費性財政體制的大前提下來推進。

基於上述四大理由，提出四條建議：

其一，中央政府和直轄市政府應建立消費性財政體制。

其二，在 2020 — 2035 年，省級政府和民族區域自治區政府可選擇性實施，即沿海發達區域的省級政府可以建立消費性財政，而中西部地區的地方政府（含省或自治區、省轄市、縣）和省級自治區政府則可自由選擇採用哪種財政體制；2036 年以後，所有省級行政區都建立消費性財政體制。

其三，政府除了承擔國家和地方重大保密性設施和工程建設與投資外，其他基礎設施投資建設和重大工程項目投資可委託大中型國企或混合所有制企業承擔。

其四，基於消費性財政體制，調整稅種、稅率和計徵依據，調整中央和地方的稅種劃分及其收入分成比例，分階段、分類型推進中國財政體制改革。按照 "宏觀政策要穩" "微觀政策要活" "社會政策要托底" 的基本要求，推動具體政策的出台與落地。

新冠肺炎疫情衝擊下的
中國服務業發展對策

程大中

復旦大學世界經濟系教授、博士生導師、副主任,復旦大學世界經濟研究所兼職研究員。國家發改委第二屆服務業專家諮詢委員會委員,中國投入產出學會理事,中國世界經濟學會常務理事。研究領域:國際經濟學、服務經濟。

　　此次新冠肺炎疫情對中國服務業的負面影響是非常大的。這不僅是由於疫情本身的嚴重性與破壞性,而且在很大程度上歸因於服務業的特殊性與重要性。眾所周知,服務業已成為現代國民經濟中的主導產業。目前,美國等發達經濟體的服務業增加值佔GDP 的比重均超過 70%;中國的服務業比重相對較低,但也超過 50%。服務業涉及的行業和部門種類繁多,覆蓋國民經濟的各個角落,金融、物流、醫療、電信、旅遊、餐飲、文化娛樂、廣播電影電視、新聞、出版、教育、網絡服務、專業服務等都屬於服務業,它們要麼是作為中間投入面向企業的生產性服務,要麼是作為最終產品面向家庭和個人的消費性服務。服務業是國民經濟的 "黏合劑",是便於一切經濟交易的產業。農業、製造業和採掘業是經濟發展的 "磚塊",而服務業則是把它們黏合起來的

"灰泥"。離開了服務業,或服務業發展受阻,其他行業如農業、製造業,乃至整個國民經濟和社會都將受到拖累。因此,擁有發達的、富有韌性的服務業是經濟現代化的一個重要標誌。

不管是何種服務行業,其生產的產品即服務產品一般都是無形的、難以儲存的,(跨地區)可貿易性較低;服務的生產和消費通常是同時發生的,即需要服務提供者與消費者直接接觸。這些特點直接決定了服務業最容易受到像新冠肺炎這樣的傳染病等公共衛生事件的負面衝擊。疾病在人與人之間的傳播速度越快、傳播範圍越廣,則服務業受到的負面衝擊就越大。比如,這會導致海陸空交通運輸和物流受阻甚至中斷,旅遊業、餐飲業等消費性服務業凋亡。與此同時,患病人數的增加會導致對醫療服務資源需求的暴增,最終可能造成醫療服務資源的枯竭,引發人道主義災難和整個社會的動盪。這是因為醫療服務不可能像物質產品那樣儲存起來,以防不測,所以無法滿足驟然增加的需求。

鑒於中國目前服務業本身的發展狀況,以及此次疫情爆發以來出現的問題,我們更應該從戰略的角度做好規劃和預案,不僅要注意緊急情況下的服務業發展,更應該未雨綢繆,注重常態情況下的服務業高質量發展。為此,我們提出以下兩個方面的政策建議。

一、技術層面的建議

在服務業中,有很多行業是依託電子信息等現代技術和(或)現代經營方式和組織形式而發展起來的。這既包括新近出現、原來沒有的服務行業,即所謂的"新興"服務行業,比如以互聯網為基礎的網絡服務、移動通信服務、信息服務、現代物流、跨境電商等，也包括被賦予較多現代品質如引入新技術和新投入、採用新管理和新形式、產生新效果、發揮新作用的服務行業，如電信服務、網上金融服務、中介服務、網上醫療服務、網上教育服務等。

這就表明，現代科技的發展極大地改造了傳統服務行業，使得服務業的生產和消費模式發生變化：以前是"消費者—生產者相互接觸模式"（尤其是人與人接觸模式）的單一模式；現在則變為"消費者—生產者分離模式"，以及這兩種模式並存的格局。這一轉變具有深刻的經濟與社會意義。因為這不僅可以有效促進服務的生產與消費，推動服務業發展，也能夠在一定程度上應對緊急情況下的"服務消費擁擠"問題。目前，全國疫情基本得控，而海外開始蔓延，疫情防控由內轉外，依然不容放鬆，因此，我們必須從現在開始充分運用現代科技手段，最大程度地發揮其在服務業（尤其是"消費者—生產者分離模式"）生產和消費中的重要作用。

具體措施主要包括：

（1）確保全國互聯網的安全高效暢通，保障境內外互聯網的安全有效聯結，支持以互聯網為基礎的生產與消費。

（2）大力推廣使用人工智能（AI）設備，以"分離式"服務取代"人與人接觸式"服務。

（3）確保全國陸海空骨幹交通系統的安全高效通暢，保證基本物流服務提供。

二、體制與機制層面的建議

需要特別關注的是，這次疫情爆發對服務業造成的負面影響因為體制與機制上的問題而被放大。比如，像武漢紅十字會這樣的非政府組織服務（屬於社會服務）、醫療服務等都暴露出嚴重問題。因此，需要從體制和機制入手加以切實解決。

1. 堅持市場化為主導，形成多種服務提供主體有序競爭的新格局

在此次突發公共衛生事件中，像武漢紅十字會這樣的社會服務提供嚴重不足、管理混亂、機制呆板，這在很大程度上歸因於這類主體所受到的種種限制。社會中介服務與公益服務是一個健康社會的有機構成，政府不能隨意取締或限制。對於醫療服務，國家更應從此次事件中吸取教訓，需要切實在制度與機制上解決醫療服務短缺與質量不高問題，推動應急醫療服務體系建設。

首先，要打破行政性壟斷，放寬准入領域，建立公開、平等、規範的行業准入制度，促進有序競爭，特別是要准許國內民營企業進入各服務領域。

其次，要防止對服務行業的過分意識形態化與政治化，這主要涉及信息（互聯網）服務、教育服務、文化娛樂服務、新聞出版、傳媒（包括廣播、電影、電視）等服務領域，推動信息公開透明與輿論監督。合法經營的服務提供者，不管是什麼行業，都應該被鼓勵，而不是一味取締、限制或封堵。要大力破除思想觀念禁錮，回歸服務業的經濟屬性和社會屬性。

2. 擴大對外開放，切實提高中國服務業的競爭力

服務業的發展、自由化與對外開放是世界經濟發展的基本趨勢，也是一國對外開放的重要內容。與其他經濟體尤其是發達經濟體相比，中國服務業的發展水平相對較低。與此同時，中國也是世界上服務市場限制程度最高的少數國家之一。根據筆者的研究，中國的很多服務部門如醫療、教育、廣播、快遞、電信、

數字服務等領域的限制性壁壘都很高。這些壁壘包括外國准入限制、競爭壁壘、規制透明度、人員流動限制等。長期的對外開放度不足、對外開放水平低下，導致中國服務業的國際競爭力低下，國際化和高端化不足。

同時，全球經貿體制特別是服務貿易體制的演變，對中國的服務業開放既構成了挑戰也帶來了機遇。中國應密切關注這些形勢的變化，加強對 TISA（《服務貿易協定》，包括規則、條款、減讓、機制、影響等）的研究和評估，並設法參與進去，避免被邊緣化，同時又能藉機促進國內服務領域的改革、開放與發展。此外，2018 年初以來，中國與美國之間的貿易摩擦以及多輪貿易談判磋商也進一步表明，服務業的改革開放不僅成為中美雙邊經貿關係的焦點，也是中國未來經濟改革與開放的重點。

總之，無論是從此次重大公共衛生事件的角度，還是就中國經濟的長期、健康、可持續發展而言，主動擴大與深化服務行業的市場化改革與開放都非常關鍵，特別是要放鬆行業准入限制、促進市場競爭、提高規則透明度、改善數字服務貿易支撐條件。唯有如此，才能切實增強國內服務生產能力，提高服務質量和競爭力，建立可靠的提供服務的信譽，提升應對突發事件的韌性和能力。

培育和發展"平戰結合"的
醫療防疫服務產業

謝 康

中山大學管理學院教授、博士生導師，中國信息經濟學會理事長，中國信息經濟學烏家培資助計劃評選委員會主任，教育部新世紀優秀人才，國家社科基金重大項目首席專家，《中國大百科全書》信息經濟學分支主編。長期從事信息經濟學、信息化與工業化融合（信息技術和實體經濟深度融合）、企業數字化轉型管理創新、食品安全治理等方面的研究。

　　2020 年 2 月 14 日，針對新冠肺炎疫情，中央全面深化改革委員會第十二次會議提出補短板、堵漏洞、強弱項，健全國家公共衛生應急管理體系。本文以此為依據，就如何培育和發展"平戰結合"的醫療防疫服務產業做初步探討。

　　如果將以下三組數據聯繫起來，可以剖析一個值得國家高度重視的醫療防疫服務"短板"或"弱項"。

　　首先，中國成千上萬的醫療防疫服務逆行者奮鬥在抗"疫"一線，截至 2 月 11 日，全國醫務人員確診病例 1 716 例，佔全國確診病例的 3.8%，其中 6 人不幸死亡，佔全國死亡病例的

0.4%。其中湖北省 1 502 名醫護人員感染，佔全國確診醫務人員的 87.5%。其次，武漢市 2 月初開始加速建設長江新城等多批次方艙醫院，2 月 16 日建成 11 個，快速提高了收治能力。2 月 16 日，國家發改委急撥 2.3 億元專項資金用於武漢市方艙醫院建設，為打贏疫情防控阻擊戰提供財政保障。最後，據中國醫師協會統計，2018 年中國醫生（含 144 萬鄉村醫生）總數為 450 萬，按 2018 年中國人口 13.95 億計，每萬人醫生數為 32 人。據《2017 年中國醫生生存現狀調研報告》，一週工作超過 50 小時的醫生佔 77%，按一週工作 5 天計，平均每個工作日超 10 小時，且約 1/4 的醫生一週工作時間超 80 小時。2018 年全國註冊護士 400 多萬人，平均每萬人擁有護士 28 人（與國際平均水平相當）。然而，據《中國護士群體發展現狀調查報告》，77.5% 的護士月收入低於 5 000 元，37.6% 低於 3 000 元，這與中國經濟在國際上的地位不符。

上述三組數據表明：第一，加快中國醫療服務專業人員隊伍建設刻不容緩；第二，方艙醫院等應急性質的醫療硬件可以快速建設，但醫療服務質量則需要長遠投入；第三，未來中國亟待大力擴張全國醫療服務隊伍，將醫療服務體系作為政府公共品性質的財政投入，提高國家基金公共衛生服務項目補助經費標準，培育和發展各個層級的醫療服務產業。將上述三點聯繫起來，培育和發展“平戰結合”的醫療防疫服務產業，構成了中國未來醫療防疫服務產業發展的方向之一。

首先，據不完全統計，中國每萬人中僅有 1.4 名疾控人員（美國為中國的 5 倍），且人員分散，缺乏統一組織與協同的機制。同時，中國每 12.6 萬人配置 1 名院前急救人員，與國際上每萬人配置 1 名急救人員的平均數相差甚遠。未來五年解決這個焦點問題的基本思路是：採取“平戰結合”的總體佈局，一方面，頂層設計、統一部署、組織有力地建立國家、省、市、縣四級聯控聯防性質的疾控應急管理“國家隊”，以模塊化或虛擬組織方式，將分散於各個部門、各個層級的疾控人員組織起來，擴大專業疾控人員隊伍，開展集中與分散的專業培訓，應急保障時集中組織，非應急保障時分散於各個部門或層級；另一方面，鼓勵和推動多層次、多元化的社會資源參與醫療防疫服務體系建設，重點鼓勵國有企業與民營企業採取混合所有制的方式投資地方醫療防疫服務體系項目，形成與應急管理“國家隊”相補充的“地方隊”，以財政支持、稅務減免、項目扶持等產業政策和市場化手段激勵民間資本進入公共醫療防疫服務體系，將社會經濟活動與醫療防疫“群防群治工作”有機結合起來。

其次，中國經濟的高質量發展需要提高國民醫療服務的保障質量。中國經濟跨越中等收入陷阱需要獲取新動能，提高國民醫療服務質量與教育一樣，都會形成經濟增長的內生動力。因此，從經濟增長內生動力視角來看待加大全科醫生培養、加大醫療疾控隊伍建設等舉措，就是在培育和發展中國的醫療防疫服務產業。按照培育和發展“平戰結合”的醫療防疫服務產業思路，除加大全科醫生的培養外，還要加強對專科醫生群體進行急重病患者急救和防疫處理的能力培養，從而構建“國家隊”，同時鼓勵和推動各個層級多元化社會自組織開展應急搶救的“地方隊”。通過引導社會資本投資專業化的培訓機構，在大學生、企業、事業單位甚至政府部門中開展非專業人員的醫療防疫技能培訓，提升全民族的國民疾控急救素質和技能。例如，在大學生新生入學軍訓中將疾控急救知識和技能納入培訓體系中，在民兵預備役組織中開展疾控急救知識和技能培訓等，由此構築“藏富於民”的醫療防疫服務體系和服務產業。以美國約翰斯·霍普金斯大學為例，學校專門設立有緊急事件準備和響應辦公室，以確保學校各機構、每個人都能對突發公共衛生事件做好準備。通過短信等方式指導學生和教職員工從診斷、流動救助中心到應急院系按照程序落實疾控措施等。

第四，疾控應急管理奉行的原則之一是事前準備比事後應對代價小得多。2019 年中國旅遊業總收入 6.5 萬億元，平均每天約 178 億元，按 20% 複合增長計，2020 年中國每天旅遊業約 200 億元，2020 年春節假期一個月單旅遊業損失估計超 6 000 億元。中國經濟長期持續增長得益於發展經濟優先的國家戰略，但國家財政對國民基本醫療服務和基本教育投入的短板越來越大。2009 年國家基本公共衛生服務項目補助經費人均標準為 15 元，2016 年增加為人均 45 元。顯然，提高著眼於“治未病”的國家基本公共衛生服務項目補助經費標準，刻不容緩！按照培育和發展“平戰結合”的醫療防疫服務產業思路，一方面，各級財政優先將國家基本公共衛生服務項目補助經費人均標準提高到至少 90 元以上，經濟發達的省市甚至可以提高到人均 120 元以上，以此帶動醫療防疫服務產業的發展；另一方面，鼓勵和推動社會資本投資國家基本公共衛生服務項目，如研究和制定類似高速公路等基礎設施投資那樣的產業政策，通過多種方式培育多層次、多元化的“平戰結合”服務項目，補短板，強弱項，將健全國家公共衛生應急管理體系與推動高質量醫療防疫服務產業的發展有機結合起來。

實施新型基本建設投資工程的建議

劉茂松

湖南師範大學經濟研究所所長，經濟學教授、博士生導師，國務院政府特殊津貼專家，湖南省首屆優秀社會科學專家。兼任湖南省經濟學會名譽理事長、中國經濟發展研究會常務理事、湖南省院士專家諮詢委員會首屆委員。

當前中國處於近代以來最好發展時期，但也面臨巨大的挑戰。一方面國際形勢風雲變幻，貿易保護主義、單邊主義、民粹主義等逆全球化暗流湧動，世界經濟重心、世界政治格局、全球化進程、科技與產業、全球治理和世界秩序等面臨前所未有大變局；另一方面世界經濟仍處於下行階段，自 2007 年美國次貸危機爆發，20 世紀 80 年代由信息產業革命開啟的世界經濟長週期由上行轉入下行，導致中國經濟高增長率終結，進入中高速增長的新常態，其增長率由 2010 年 10.3% 降到 2019 年 6.2%，已連續五年“破 7 入 6”。而在這種嚴峻形勢下，新冠肺炎疫情進一步加劇了經濟下行的壓力，導致旅遊休閒、餐飲賓館、電影娛樂、商場購物等可選性消費缺失、交通封閉管制、企業停工停產等，對中國經濟已造成巨大衝擊，預計影響全年 GDP 在 0.5 個百分點左右，經濟社會發展的國際國內環境存在很大的不確定性。根據全國近 14 億人口生存和發展的需要，年經濟增長率必須穩定在 6% 左右，這應該構成中國中長期發展的要求，但實現這個目標是十分艱難的。

　　基於此，中國經濟政策選擇上建議採取短週期刺激政策和中長週期創新政策相結合，合理搭配使用財稅、貨幣、投資、社保、分配和土地政策，瞄準主要矛盾精準調控。在這裏，短週期刺激政策的中心是需求方，刺激內需形成強大的國內市場和對國外強化 "一帶一路" 拓展世界市場，這是政策的著力點。而中長週期政策的爆破點則是科技創新，這直接關係下一輪世界經濟長週期主控地位的爭奪，中國的崛起是勢在必行的，科技創新及新經濟必然要突破。當然，短週期政策和中長週期政策是功能互配互助的，前者是穩富即確保富起來：政策調節的目標是穩定經濟規模、增加勞動力就業、提高城鄉居民收入。後者是競強即全面強起來：政策調節的目標是促進科技創新、發展核高基（核心電子器件、高端通用芯片、基礎軟件產品的簡稱）產業、培育高端人才。兩者之間是基礎與發展的關係，其根本是依然緊緊扭住供給側結構性改革這個 "牛鼻子" 不放鬆，全面深化，重點突破。這是中國經濟發展應對新冠肺炎疫情衝擊、緩解長週期經濟下行壓力、實現高質量發展的基本背景和前提。在具體的政策調控對象上，基本建設投資仍然是根本性的關鍵環節。為此，我們建議，調整傳統的基礎設施投資結構，以集約創新為主導的新型基本建設投資為抓手，增加有效需求，抵禦萎縮風險，實現國民經濟穩定健康增長。重點實施以下三大政策工程。

一、優化空間治理結構，實施中心城市基本建設工程

這次新冠肺炎疫情爆發後，出現了一種看法，認為 "大城市人口高度密集容易導致疫情傳播感染，還是小城鎮好" 等，其實，這是傳統自然經濟思維的延續。空間經濟學認為，人口密集是城市的優勢，有利於生產的分工配套形成高效益的規模經濟，創造更多的財富和就業創業機會。而從流行病學觀察，城市也有利於對重大疫情進行集中化、源頭化、組織化和標準化的防控和治理，1854 年 "倫敦寬街勝利" 就是明證。因此，要堅定落實中央財經委員會第五次會議精神，貫徹習近平在這次會議上的重要指示，讓中心城市和城市群成為承載發展要素的主要空間形式，提高經濟發展優勢區域的經濟和人口承載能力，根據中國不同區域情況規劃建設一批都市圈，增加對中心城市道路、房屋、市場、園區、教育、醫療、文化等基礎設施和水道、綠道、濕地、公園等城區生態設施建設的投資，創建綠色、安全、和諧的宜居城市，並形成中國經濟高質量發展的新動力源。

總結這次疫情防控經驗，還要強化智慧城市如交通管理、物流供應鏈、應急災備、信息溯源等設施的建設，提高城市應急管理水平。從目前中國城市化現狀和這次新冠肺炎疫情爆發情況分析，我們特別建議加強長江中游地區中心城市建設，重點以湖南長沙整合緊挨的株洲、湘潭，創建中國內陸腹地國家中心城市，同武漢一道成為長江中游城市群雙核心協同發展結構，疏解大武漢人口及產業過度集聚的擁擠現象，形成帶動湖南及長江中上游南部湘贛黔地區高質量發展的新動力源，實現長江中游城市群區域南北協同協調發展。

二、優化住房制度改革，實施房地產業轉型發展工程

　　房屋是生活消費和生產消費性的重要產品，是國民經濟發展的支柱產業，前後可帶動近百個產業的發展。新冠肺炎疫情使“居家隔離”“小區抗疫”“企業抗疫”成為防疫的主要措施，讓人們看到居家和廠房（包括學校房、機關房等）條件對人類生存和發展的重要意義。隨著新型工業化、城市化的發展和城鄉居民生活水平的提高，房地產業必然要有新的發展。中國幾十年來的經驗證明，房地產的發展是防範經濟停滯和實現經濟快速發展的產業槓桿，對中國經濟總量上升為世界第二位作出了重要貢獻。因此，要客觀辯證地看待房地產業的發展，不能因為價格上漲問題就全盤否定，或者使用公權力極端壓制。建議深化住房制度改革，調整“一刀切”的限購、限貸政策，分類施策，精準調控。

　　一方面，各級政府應加大公租房和廉租房的投資建設力度，解決好低收入者和應屆畢業生就業居住所需。同時，改進商品房的投資制度，以常住人口規模確定土地和資金的投入，用活用好居民房貸政策，完善房地產市場法規，搭配運用市場機制和政府財稅手段，合理確定及控制房子生產價格，維護房地產市場穩定。此外，還應按照中國城市建設用地規模規劃要求，合理增加土地供給，科學擴大建成區規模，以解決中國城市建成區過於狹小，改善居民居住條件，防止因供地過少造成地價過高和人口過度密集不利於疫情防控的問題。

　　另一方面，各級政府要引導房地產業向樓宇經濟轉型升級，並與物聯網等智能科技融合，通過居住、創業、就業以及信息交匯，把各種現代服務業的業態、企業和項目集聚起來，形成現代服務業價值鏈，提高樓宇的商業價值、市場價值和品牌價值，從

而進入價值創新體系當中，建設有共享經濟生命力的房子。

三、優化研發投入結構，實施重大科技設施工程

目前，全球以信息技術、生物技術、智造技術、新材料技術、低碳技術為主的新一輪科技革命和產業革命興起，這是中國經濟走出下行的新動力和機會窗口。這就需要抓住機遇，瞄準世界科技前沿，實現前瞻性基礎研究和引領性原創成果重大突破。由於科技基礎設施是為探索未知世界、發現自然規律、突破科學前沿、實現技術變革提供極限研究手段的大型複雜科學研究系統，是解決經濟社會發展和國家安全重大科技問題的物質技術基礎，因此，建議按照國家規劃，著力提高投資強度，前瞻謀劃和系統部署重大科技基礎設施建設，構建以能源、生命、地球系統與環境、材料、粒子物理和核物理、空間和天文、工程技術等七個科學領域為重點，從預研、新建、推進和提升四個層面逐步完善重大科技基礎設施的體系。目前，特別是要抓緊建成若干綜合性國家科學中心和大規模、跨學科、多功能的世界頂級的高端技術研究開發實驗室，衍生出一批新技術、新工藝和新裝備，催生出一批顛覆性技術和戰略性產品。這對於全面優化中國基本建設投資結構，提高中國科技研發水平，增強原始創新能力，佔據新一輪科技革命的先導地位，實現科技強國目標具有極為重要的意義。還能為線上教育、線上醫療、線上辦公、線上商場和智慧城市等新業態、新經濟、新模式提供技術設施支撐，以擴大市場需求，增加生產和就業，規避經濟滯止和市場波動的風險，促進國民經濟穩定增長。

疫情下消費型小微企業應對政策建議

方 芳

中國人民大學應用經濟學院教授、博士生導師。主要研究方向：金融監管、系統性金融風險、中小商業銀行經營與管理、小微企業金融服務等。

　　新冠肺炎疫情給中國社會經濟發展造成的衝擊是難以估計的，至少打斷了中國經濟 2019 年底的弱企穩，造成許多不確定。在經濟下行壓力較大的背景下，疫情對經濟影響有多大？如何應對？在此主要圍繞疫情對消費領域小微企業的影響及應對辦法，提出對策建議。需要強調的是，這裏所談的小微企業，是指那些搭不上現有優惠政策而亟待救助的小微企業。

　　與 2003 年非典時期相比，當前第三產業消費佔比更高，而疫情對服務業消費影響較大。以剛剛過去的 2019 年為例，在整個國民經濟中，第一、二、三產業分別佔比 7.1%、39% 和 53.9%，第一、二產業分別較 2003 年下降 5.3 和 6.6 個百分點，第三產業提高 11.9 個百分點，已經超過第二產業成為主導產業，成為中國當前經濟增長的主要發動機。2019 年最終消費支出、資本形成總額和淨出口的經濟貢獻率分別為 57.8%、31.2%

和 11%，其中消費的貢獻率高於 2003 年 22.4 個百分點，已成為拉動經濟增長的新動能。然而，此次居家防疫戰術重創消費行業，特別是具有體驗式的消費實體企業，以小微企業受創最重。

一、消費型小微企業面對的衝擊

疫情中，不少小微企業面臨著能否繼續經營的嚴峻挑戰，特別是服務型小微企業，其主要賣點與銷量在節假日，此次疫情發生在中國傳統節日春節，營業收入明顯萎縮。近期，央行、各大商業銀行、財政部、地方政府相繼出台降息、降費、降稅等優惠政策，最大可能地給予疫情中的小微企業以更多的支持和幫助，但從目前頒佈的政策以及未來可操作的空間看，這些政策多集中在已經有一定規模並能夠從銀行獲得貸款支持的小微企業，而數量眾多的創業大軍所組成的小微企業，則很難從這些優惠政策中獲得實際的支持，它們所面臨的困境，也許是當下救助政策的死角，亟須陽光雨露普照。

這類小微企業的特點是：數量多、成長快，每一個小微企業解決的就業人數雖然不多，但就像螞蟻搬家一樣，其所形成的合力能提供數量巨大的就業崗位。它們是消費增長點的新業態，以加盟、連鎖、合夥甚至是分店的方式存在，諸如奶茶屋、咖啡店、啤酒吧、小龍坎火鍋等，遍佈城市的各個角落，既滿足年輕人的消費新需求，也提升了城市的消費情趣。然而，這些小微企業最大的特點就是缺乏金融支持與政策優惠，沒有可依賴的實物資產獲取貸款的擔保，其啟動和發展資金依賴於親朋好友或者長輩父母，沒有銀行和市場的金融援助，屬於普惠金融遺忘的角落。這些新業態下的小企業的成長歷史短暫，沒有多少積累，現金流一般維持不超過 2 個月。疫情已超過 2 個月，按所承擔的固定成本看，幾乎面臨著大面積倒閉的可能，其後果難以想像。目前急需政府的優惠政策下沉到這類企業，讓它們在疫情中保持平穩，積極配合政府的復工計劃安排，使疫情後能持續穩定發展，有利於穩就業、保和諧。

二、應對政策建議

1. 免除疫情期間的房租

由於這類企業大多未有銀行貸款，所以降息和貸款優惠政策幾乎與它們無關。它們是典型的體驗式門店服務，不可能轉型為一定規模的線上服務。因此，它們迫切希望地方政府出台落地有效的優惠政策，以解決停業期間對它們而言較為龐大的門店固定成本費用——房租。目前北京和杭州等地出台了一些關於餐飲行業停業期間減免房租的優惠措施，但這遠遠不夠。建議如下：

一是在全國普遍落實優惠政策，而不是僅局限在有限的幾地。

二是採取 "免" 而不是 "減" 的政策，建議凡是租用的場地產權屬於地方政府、街道或社區的，可直接免除疫情期間的房租。若產權屬於私人的，可採取協商的方式進行減免。在持續未有現金流進入的狀態下，免房租對小企業來說，無疑就是把中央和政府的關懷、全國上下共渡難關的決心落地，直接滲透到普通百姓生活中，而不是高高在上，誇誇其談。

2. 政府應果斷下令復工

以 2003 年非典數據來看，儘管上半年疫情對消費增長影響很大，但隨後的反彈力度並不如人們所期待那樣，一個重要的原因就是，消費具有滯後效應，需要時間來補償，特別是體驗式消費，恢復的時間更久。前期的消費萎縮，並不會因疫情的結束而全面步入反彈彌補階段，這就意味著，2020 年的小微企業在前期停擺、中期復甦、後期正常的態勢下，只能勉強維持生存。小微企業的員工大多是 90 後或 95 後年輕人，他們幾乎是月光一族，不多的薪酬勉強維持生計，自身積累很有限。一旦較長時間不開工或致失業，無疑就是社會發展不安定的因素。建議如下：在疫情風險分層的基礎上，儘快出台復工方案。在低風險區域的人員，應優先復工，儘快為小微企業復工提供便利，使經濟社會和百姓生活恢復正常。可以預見，第一、二產業或將相對較快修復，而小微企業居多的第三產業 "療傷" 仍需時日。

　　總之，在突發事件爆發之後，我們的國情證明，政府快速和強有力的應對措施可化解和降低風險損失。我們不僅要關注全球產業鏈的行業，關注大企業，更要關注大量的與民生相關的小微企業，它們人微言輕，需要學者和專家們的呼聲，更需要政府暖心的關愛和支持。

數字經濟篇

以數字化重振經濟活力
重塑發展格局

白津夫

教授、博士生導師，中國政策科學研究會常務理事。曾任中共中央政策研究室經濟局副局長、國務院國有資產監督管理委員會經濟研究中心副主任、中共中央黨校《理論前言》副主編。國務院政府特殊津貼專家。

當前，統籌做好疫情防控和經濟社會發展工作，既要有應急之策，也要有長遠之計，兼顧當前和長遠，立足振興經濟，著眼優化格局。總的來看，新冠肺炎疫情雖然給經濟運行帶來明顯影響，但不會改變中國經濟發展長期向好的大趨勢。然而，疫情對產業鏈和供應鏈格局會帶來深刻影響，增加經濟全球化的新變數，進一步加劇中國企業發展的內外壓力。如何變危機為轉機、化被動為主動？要順應數字化大趨勢，加快產業數字化轉型和數字經濟發展，拓寬發展新路徑、培育經濟新優勢。

一、加快推進產業基礎高級化和產業鏈現代化

這次疫情對中國傳統優勢產業特別是勞動密集型產業衝擊較

大，還會對勞動力流動帶來更深層影響，從而加劇產業的要素成本約束，客觀上會對產業鏈帶來一定的衝擊。這從一個側面表明中國產業基礎能力和產業鏈水平還不高。有資料顯示，中國核心基礎元器件、關鍵基礎材料、先進基礎工藝、產業技術基礎水平等對外技術依存度在 50% 以上，與發達國家平均 30% 以下、美德日的 5% 以下有很大距離。

當前，有序推動復工復產，是搞活經濟的必要之舉。要把推動企業復工復產與強化產業鏈合作結合起來。面對如此重大疫情衝擊，讓企業自己走出困境，對很多企業特別是中小企業而言的確難度很大，如果企業各自為戰、各行其是還會對產業體系帶來干擾。因此，要更加注重產業生態優化、發展機會共享，依託核心企業，推動產業鏈協同、上下游協力，使得產業鏈條整體運轉起來、產業生態總體活躍起來。形成產業鏈互補鏈接、上下游融合發展的產業共同體，合力打造產業發展新優勢。

可以肯定，這次疫情的影響遠非企業本身，還會持續影響到產業體系與產業格局。特別是在產業鏈競爭愈演愈烈的背景下，對現有產業鏈的衝擊不可避免，進而對產業聯繫、市場開拓帶來新的不確定性。本來中美貿易爭端已經對中國產業鏈形成干擾，這次疫情又可能成為弱化產業鏈優勢的 "切入點"。因此，在千方百計推動復工復產的同時，要把功夫下在產業基礎能力提升和產業鏈現代化上來，圍繞 "國之重器" 和戰略安全產業重點發力，打造世界級產業集群，加快現代化經濟體系建設，這樣我們才能通過復工復產為經濟高質量發展奠定堅實基礎，從而走出傳統經濟博弈的怪圈，超越經濟格局化影響，真正贏得競爭的主動權。

二、以發展數字貿易為重點優化供應鏈

在這次疫情防控過程中，線上購物需求擴張性增長，推動了電商等平台經濟發展，開創了數字貿易新局面。同時，數字貿易發展也為重構全球供應鏈創造了新機會。我們要在復工復產的同時，強化數字化引領作用，通過發展數字貿易優勢贏得供應鏈優化的主動。

一是主動維護全球供應鏈穩定。中國產業發展已經高度融入全球供應鏈，並對全球供應鏈穩定有很強的關聯性影響。要形成供應鏈意識，有序推動復工復產；要優先保障在全球供應鏈中有重要影響的龍頭企業和關鍵環節恢復生產供應，以維護全球供應鏈穩定，從而為產業可持續發展提供強有力的支撐。

二是要積極應對供應鏈之變。現在已經進入以供應鏈為人類新型組織方式的時代，全球正面臨產業鏈創新、供應鏈重組，任何觸點都可能引致全局性變遷。隨著疫情在全球範圍內擴散，勢必會影響到中國的對外交往和進出口貿易，甚至會影響供應鏈體系，進一步促使產業鏈轉移。雖然疫情是短期的，但在這個特殊時點上，其對經濟的波及影響不會是短期的，我們必須做好長期應對的準備。

三是要優化供應鏈格局。全球貿易數字化呈加快發展之勢，在過去十年中，全球通信技術服務和可數字化交付的服務出口增速遠大於整體服務出口的增速，反映了世界經濟的日益數字化。目前，電商已佔全球 12% 的商品和服務，預計 2020 年全球跨境電商 B2C 將突破 1 萬億美元。數字貿易的發展必將會重組供應鏈，重構貿易格局。我們要抓住機會，加快戰略佈局，在跨境電商市場規模優勢基礎上，進一步提升貿易數字化水平。通過數據

業務化、業務數據化，構建線上線下、全流程、一體化的供應鏈體系。通過發展數字貿易，走出傳統貿易模式約束，重塑貿易格局優勢，擺脫貿易"受制於人"的局面。

三、加快推進工業互聯網建設，打造"數字工業共同體"

推進工業互聯網建設是中國產業戰略的重點，也是全面提升中國產業水平的關鍵。對此，中國進行了戰略規劃和佈局，正有序推進建設進程。在此基礎上，國內有專家提出打造"數字工業共同體"，旨在供需精準對接、信息有效匹配，推進協同一體化發展。

有序推進復工復產要與工業互聯網建設更好地結合起來，發揮工業互聯網聚集資源、協同響應、共享發展的優勢，堅持平台的"共生原則"，由線上賦能線下、平台賦能企業、核心企業賦能產業鏈，形成協同一體化的經濟生態系統，優化產業鏈整合，放大資源配置效率。

一要建設工業大腦，用工業互聯網聯通產業鏈、創新供應鏈，促進基於平台的跨區域分佈式生產、運營，提升全產業鏈資源要素配置效率。

二要加快產業數字化進程，搭建工業雲平台，培育百萬工業APP，推進製造技術軟件化提升，並根據技術需求進行軟件化創新。強化技術軟件化雲服務，實現個性定製、聯程設計、協同製造、延伸服務。

四、推進金融數字化，積極發展供應鏈金融

金融數字化創造了新的業務模式、應用、流程或產品，為金融與實體經濟融合拓寬新路徑。

一是通過數字技術集成，以效率為中心重構金融服務流程。打造零距離、多維度、一體化的金融服務體系。

二是強化數字平台服務功能。通過數字化賦能，深度融合線上線下資源，打通供給需求瓶頸，構建多層、多系統平台支撐體系。挖掘數據資源，提升數據價值，推動數據交易，拓展數據集群。

當前，要突出以供應鏈金融為重點，促進金融更好地服務於復工復產，更好地與實體經濟深度融合。供應鏈金融的最大特點就是在供應鏈中，以核心企業為出發點，為供應鏈各環節提供金融支持，使供需精準對接和有效匹配，進一步加強戰略合作。而通過金融數字化可以進一步強化供應鏈金融的功能，推進供應鏈金融數據網絡化、交易標準化和服務精細化。通過信息化手段降低每個環節之間的摩擦成本，促進產業鏈條各環節與金融深度融合，節約資金成本，放大資金效應。這對於破解中國產業發展資金約束，增強產業鏈、供應鏈效能具有重要意義。

當前，疫情防控正處於關鍵階段，同時經濟振興也到了緊要關頭，我們要統籌安排、協調推進，把抗擊疫情轉化為經濟振興的強大動力，通過經濟振興為抗擊疫情提供充足的物資保障，為經濟穩定健康發展提供堅實的物質基礎。

以疫情為契機,加快推進
企業數字化轉型

李曉華

 中國社會科學院工業經濟研究所國際產業研究室主任、研究員,中國社會科學院大學教授、博士生導師。兼任中國工業經濟學會常務副理事長、中國區域經濟學會常務理事、中國服務型製造聯盟專家委員會副主任等。主要研究領域:工業化與工業發展、全球價值鏈、戰略性新興產業、互聯網+與數字經濟、產業佈局、產業政策、競爭戰略等。

　　新冠肺炎疫情對中國經濟造成嚴重影響,許多企業營業收入驟減、艱難維繫,一些企業大量裁員甚至關門倒閉。相對來說,數字化水平高並積極利用數字技術開展轉型的企業受到的影響較小,一些數字服務提供企業甚至逆勢發展。可以說,新冠肺炎疫情是對中國企業和群眾的一場大規模數字化普及教育,也是加快推進企業數字化轉型的契機。

一、數字化轉型一定程度減輕了疫情的影響

　　防控新冠肺炎疫情的主要舉措就是防止人員的聚集和接觸,

這給傳統業務的開展帶來巨大困難,而數字技術恰恰具有"非接觸"的優勢。數字技術主要從以下幾個方面幫助企業在新冠肺炎疫情下開展經營活動:

一是利用信息化平台對接供需、管理供應鏈。例如,在人員不接觸的情況下,製造企業根據用戶需求組織零部件供應,安排生產和產品的運輸、配送;一些企業通過加強對商品的在線推廣和銷售還實現了逆勢增長。

二是利用數字會議平台組織交流、研討。阿里巴巴、騰訊、華為等數字技術企業及時免費推出釘釘、騰訊會議 / 企業微信、Welink 等網絡化協同解決方案,供企業開展在線會議、協同辦公。

三是利用信息技術加快商業模式轉型。面對業務量幾乎驟降為零的現狀,一些餐飲、零售企業利用數字化平台進行在線銷售,如餐飲企業由堂食為主轉向以外賣為主,甚至在線銷售食材、半加工食品。相比數字化水平低的企業,這些數字化轉型快的餐飲、零售企業能夠在一定程度上抵消固定成本支出。

四是可數字化的產品或服務直接轉為線上銷售和服務,如電影《囧媽》從院線放映轉為以 6.3 億元出售給字節跳動,後者免費在線放映。

五是一些製造企業利用智能化設備開展柔性生產或轉產,如富士康、海爾、比亞迪等企業利用柔性製造優勢,快速實現向醫療物資的轉產。

六是互聯網企業積極開展"宅經濟",面向人們長期宅在家裏的需求提供娛樂、遊戲、教育、健身等在線服務。

七是數字技術企業為疫情防控提供技術支持,如人工智能企業開發戴口罩情景下的人臉識別、密切接觸者篩查服務。

八是數字技術企業為其他企業的數字化轉型提供支撐，如提供雲計算服務、網絡化協同解決方案等。

數字經濟具有非接觸、柔性高、可擴展的特點，在面對不可預見的重大事件衝擊時表現出明顯優勢，而且符合靈活辦公、零工經濟等社會發展潮流，代表著企業生產經營的轉型方向。新冠肺炎疫情中數字技術的更廣泛應用，使企業經營者、員工和廣大消費者認識到數字技術的威力，享受到數字經濟帶來的便利，新冠肺炎疫情後數字經濟有望迎來更快的發展。

二、中國企業數字化轉型存在的問題

儘管數字化、智能化代表著企業發展的方向，支撐技術也已相對比較成熟，而且有政府的大力推動，但是除了少數大企業特別是互聯網企業進展較快之外，大多數企業的數字化轉型速度仍不夠理想。

一是企業的信息化基礎較差。企業的數字化、智能化轉型是建立在企業經營管理、生產製造、用戶服務等各部門、各環節的信息化之上的。但總體上看，中國企業的信息化非常不平衡，既有積極開展數字化、智能化的行業領先企業，也有大量企業信息化的軟硬件投入少，缺少信息化技術人才，信息化水平非常低，嚴重制約了數字化、智能化轉型的推進。

二是企業的積極性不高。企業的數字化、智能化轉型需要大量的軟硬件投資，在中國整體經濟減速的情況下，許多企業缺少數字化轉型投入的資金實力。數字化轉型還需要引進專門的信息技術人才，但高級數字化人才薪酬水平很高，傳統企業難以負擔。更為重要的是，許多企業的經營管理者對數字化轉型的認識不足，缺少互聯網思維，對數字化轉型投資的回報缺乏信心。

三是企業內部數字化水平不平衡。中國企業的信息化多從財務信息化、企業網站等環節起步，進而發展到辦公系統、客戶關係管理、ERP 等領域，總體上來看，研發設計、生產製造、供應鏈管理、辦公協同等環節的數字化水平較低。而且同一企業的各個環節、各個部門、不同地區業務單元之間的系統、數據沒有打通的問題普遍存在。

四是外部條件制約數字化轉型。儘管中國數字經濟實現了巨大發展，湧現出一批基礎設施服務、系統解決方案服務企業，但由於數字企業缺少行業知識、行業企業缺少數字化能力，真正能夠提供較為有效的行業解決方案的數字化企業不多，能夠服務中小企業的服務商更少。在硬件方面，製造企業、物流企業以及一些遠程服務企業對通信網絡具有大帶寬、廣連接、低延時的要求，目前 5G 在中國剛剛商用，距離廣泛覆蓋、能滿足企業需求還存在較大差距。

三、加快推動中國企業數字化轉型的建議

新冠肺炎疫情在給中國企業帶來嚴重打擊的同時，也是一次通過對企業、用戶進行數字化普及教育從而加快企業數字化轉型的契機。因此，應該採取政策措施解決數字化轉型中存在的問題，加快推進數字化進程。

一是加強信息基礎建設。將新一代基礎設施建設作為中國"新基建"戰略的重點領域，加大資金投入，這既是新冠肺炎疫情過後刺激經濟的重要舉措，也是強化企業數字化轉型的基礎。應將 5G 網絡的建設作為"新基建"的重點，加快在工業園區、

商業樓宇等企業需求大的場所完善網絡覆蓋。

二是支持企業數字化改造。在中央技術改造專項資金中劃出專門資金用於企業進行數字化設備和軟件系統的更新、改造，支持企業業務系統雲化部署。鼓勵政策性銀行為各類企業的數字化改造提供低息貸款，從而加大對本地企業數字化改造的資金支持。

三是開展數字化轉型試點示範。鼓勵企業利用新型數字技術創新生產方式、商業模式和產業業態。選擇有代表性的行業、價值鏈環節、模式等進行數字化轉型示範，總結優秀企業數字化轉型的經驗，編制案例集和慕課進行推廣。在全國各地組織數字化轉型試點示範的理論與政策研討、經驗介紹，組織專家幫助企業進行數字化轉型診斷。

四是促進數字化專業服務企業發展。鼓勵大型互聯網企業、數字化水平高的行業龍頭企業建設雲製造、雲服務平台，發展數字化產品、解決方案和服務包，向其他企業提供數字基礎設施、數字化解決方案等服務。支持在數字化專業服務領域的創新創業活動，對發展快、市場前景好的創業企業優先安排上市。鼓勵專業化數字服務企業為中小企業提供數字化轉型系統解決方案服務。

新冠肺炎疫情將加速數字經濟的發展

張　莉

賽迪智庫網絡空間研究所副所長、副研究員。研究方向：數字經濟、數據治理、數據安全等。

　　新冠肺炎疫情具有緊急突發性、高度不確定性、後果嚴重性、快速擴散性等特徵，對中國經濟、政務、社會等各個領域都造成了不小的衝擊和挑戰。但是危機中往往孕育著機會，疫情將加速數字經濟的發展。

一、數字經濟在抗擊疫情過程中 "大放光彩"

　　（1）以 4G/5G 為代表的數字基礎設施提供堅實基礎。無論在抗擊疫情中的解決醫療醫護需求、無人醫療、健康監測、公共安全視頻監控等場景，還是在滿足人們宅家生活的遠程辦公、遠程教育、泛遊戲、泛視頻和雲化類等場景，以 4G/5G 為代表的數字基礎設施都提供了最為堅實的支撐。

　　（2）大數據和人工智能等新技術新應用發揮重大作用。大數據、人工智能等新技術新應用在抗擊疫情中的疫情態勢分析、物資保障調度、發熱檢測、物資投送、疫苗研發、病毒溯源等方面和復工復產的態勢追蹤、人員流動情況、運輸調度等方面都大顯身手，起到關鍵作用。

（3）互聯網和電商產業極大降低了疫情負面影響。無接觸配送服務、在線問診、直播教學、互聯網辦公、遠程即時維修等線上服務方式極大降低了疫情對生產力和人們生產生活的影響，為非常時期人們正常的生活學習工作需求提供了有力保障。

二、疫情之後數字經濟有望迎來井噴式發展

（1）企業加速向數字化、智能化方向轉型，產業數字化進程提速。新冠肺炎疫情重創商業地產、餐飲、影院、旅遊等帶有服務屬性的線下門店業態，但與此同時，短視頻、遊戲、在線教育、生鮮等眾多線上商業生態迎來了短期的爆發式增長機遇。冰火兩重天的現實倒逼傳統企業反思並加速線下與線上業務的融合。有調查顯示，疫情期間約 40% 的餐館嘗試開拓線上外賣，雲賣房、雲賣車、雲上市、雲發佈甚至雲演唱會等新商業模式不斷湧現，產業數字化進程明顯提速。

（2）各方對於數據的理解和期待大幅提高，數據的價值不斷釋放。在抗擊疫情過程中，數據和信息成為關鍵要素。數據是政府掌握疫情動態精準施策的“指南針”，是互聯網企業和專業開發者推出防疫 APP 服務的“源動力”，是科研機構破解病毒並提出治療方案的“金鑰匙”，是廣大民眾實現知情權和加強自我防護的“透視鏡”。在產業數字化進程中，數據作為生產要素參與分配的突破性意義將被越來越多的企業家深刻理解，數據驅動數

字經濟發展的價值不斷釋放。

（3）無人駕駛、智能機器人優勢全面體現，人工智能需求旺盛。面對新冠病毒，人工智能算力、算法助力病例篩查、藥物研發，智能機器人承擔消毒、送藥、送餐、回收被服和醫療垃圾等工作，大大降低了醫患交叉感染的風險，在疫情阻擊戰中體現出諸多人力所不能及的優勢。值得一提的是，在物流配送這一無論對傳統經濟還是數字經濟都具有重要戰略意義的領域，在疫情導致純粹人工運輸和配送模式捉襟見肘的特殊時刻，無人駕駛、機器人配送尚做不到"臨危受命"，這既是一種技術發展滯後於需求的遺憾，更折射出人類社會對於人工智能的需求愈發旺盛。

（4）數字經濟彰顯中國經濟發展韌性，全球數字經濟或掀高潮。新冠肺炎疫情充分證明，一場重大突發公共衛生事件對經濟社會的打擊不亞於一場局部戰爭。但是，在中央和國家系列強勁舉措下，再加上數字經濟的韌性補位，這次疫情已得到較好控制。目前，全球多個國家和地區均大規模爆發新冠肺炎疫情，鑒於數字經濟助力抗疫的重大作用，全球或將重新審視數字經濟的重要性，掀起一輪數字經濟發展的新高潮。

三、發展數字經濟需要牽住幾個"牛鼻子"

（1）推動數字基礎設施和技術發展是當務之急。著力推進通信網絡、大數據、5G 等數字基礎設施和新技術的發展，高標準推動寬帶網絡、互聯網數據中心等傳統基礎設施的升級改造，解決不同省市和不同地區之間、城市與農村之間基礎設施水平差距大的問題，積極構建高速、移動、安全、泛在的新一代數字基礎設施，提高數字資源交互效果，為發展數字產業化和產業數字化升級奠定堅實基礎。

（2）深化數據治理和數據安全工作是重中之重。如同農業時代的土地、勞動力，工業時代的技術、資本，數據已成為數字經濟時代的核心生產要素。政府作為掌握海量公共數據的主體，應支持在醫療衛生、交通運輸等重點領域先行先試，研究分級分類公共數據開放策略，探索建立科學有效的公共數據開放共享體制機制，加快推動社會各方開發利用公共數據資源的法制化、制度化、規範化，最大限度釋放公共數據的潛能。對於互聯網企業、電商平台等採集的數據，應建立健全數據流通、平台經濟、數據反壟斷等相關立法，明確數據流通涉及的產權、定價等交易環節，規範數據採集、存儲、使用、共享相關行為，規範平台各相關主體的權責，為數據流通創造良好的法律和政策環境。同時，要加快推出數據安全、個人信息保護等法律法規和制度規範，切實加強對個人數據的保護。

（3）強化重點領域數字化、智能化應用是現實所需。引導大數據、人工智能等新技術與第一、第二、第三產業深度融合發展，著力推動農業、工業和服務業向數字化、智能化、平台化、生態化升級，實現數字經濟助推實體經濟發展的疊加和倍增效應。促進人工智能、大數據、物聯網等新技術向重點行業的滲透應用，加快推進智慧醫療、智慧教育、智能交通、無人駕駛、智能製造、智能家居等智能經濟應用發展。

（4）開展數字經濟相關基礎性研究是固本之源。數字經濟是全新事物，具有許多不同於傳統經濟的特點，使用傳統經濟學理論加以解釋和指導已不能完全奏效，亟須開展基礎性研究。應推動高校、科研院所、研發中心加強對相關理論、技術和實操等方面的研究，在數據產權、競爭理論、企業組織、組織管理、產品定價等領域加快取得突破性成果，同時也可鍛造一批基礎理論功底深厚、研發技術過硬的數字經濟領軍人才和骨幹人才。

（5）加強數字經濟國際合作與交流是大勢所趨。以數字 "絲綢之路" 跨境電商為依託，加快 "一帶一路" 沿線國家數字基礎設施的建設以及互聯互通，實現數字流與信息流的互聯互通，連接各個國家的核心生產要素和優勢資源。加強與國際社會在智能化研發、智能化產業、智能化安全等方面的合作，加強對數字經濟國際規則的研究，提升中國話語權。

關於增強產業鏈彈性，
推動經濟高質量發展的建議

秦海林

賽迪智庫工業經濟研究所所長，國務院政府特殊津貼專家。主要研究領域：工業經濟、產業規劃、園區戰略定位、財稅政策、國際經貿規則、製造業高質量發展、中美經貿磋商等。

中共十九大指出，中國經濟已由高速增長階段轉向高質量發展階段。經濟高質量發展要求的不僅是經濟層面"量"的增長，更要求"質"的提升，即我們國家已由單一目標追求向多元目標實現轉變。從產業發展層面來看，這種多元目標不僅是指產業規模上的提升，還包括產業質量、產業安全、產業協同、產業彈性等諸多方面。此次新冠肺炎疫情發生以來，重點醫療物資產能與突發疫情下暴漲的實際需求存在較大缺口，暴露出中國產業供需平衡的脆弱性，歸根結底，還是中國產業鏈彈性不足造成的。因此，增強產業鏈彈性，是推動中國經濟邁向高質量發展的重要一環。

產業鏈彈性，是指在需求端發生重大變化時，供給端在短時間內形成相應產能的能力。具備產業鏈彈性，可在突發事件中迅速組織產業鏈上下游各環節開展生產，有效應對相關物資需求的大幅提升，防止出現生產停擺等現象。

可以想像，在中國邁向經濟高質量發展的過程中，還會面臨類似新冠肺炎這樣的突發事件（如自然災害甚至戰爭），按市場規律運作的供需關係即被擾亂。因此，為了有效增強產業鏈彈性，短時間內有效整合產業鏈上下游資源，充分釋放產能以形成產業鏈的迅速響應能力，提出以下建議：

一是充分發揮大企業頭部效應，以"集合製造"理念打造跨行業的彈性生產能力。大型製造業企業由於在生產管理、廠房設備、市場協同、技術輸出等方面的優勢，可在短時間內匯聚產業鏈上下游配套資源以形成跨行業產能，如汽車與電子行業對清潔生產要求較高，可短時間內轉向口罩生產。因此，提升產業鏈彈性需充分發揮大企業的"頭部效應"，以"集合製造"理念快速形成龍頭企業的生產能力，通過專業化分工帶動原材料、專業設備等產業鏈上下游企業迅速響應行動，並充分給予資質審核、物資調配、資金扶持等方面的政策保障，培育彈性生產的排頭兵、領頭羊。

二是打造適應彈性生產的產業鏈信息監測與物資調度平台，利用數字技術手段，提升產業鏈供需匹配效率。搭建適應彈性生產的產業鏈信息監測與物資調配平台，圍繞疫情防控、自然災害救助甚至戰備等緊急情況下的需求，將相關應急產業（醫療物資、通訊設備、應急救援設備等）的產業鏈上下游企業的產能、分佈、物資儲備等綜合信息進行有效梳理，摸清現有產能分佈與潛在開發產能情況，實現可視化動態監測。同時，充分運用大數據、人工智能、雲計算等數字技術手段，在資源調配、產需匹配等方面更好地發揮支撐作用，快速有效地滿足不同地區、不同行業間的產業鏈上下游配套生產需求，如電子訂單下達、物流配送調度等功能，實現重大緊急情況下的生產全國一盤棋統籌。

三是增強戰略物資與生產線儲備能力，以備在重大緊急情況下有效轉化為生產能力。參照發達國家在軍工領域的生產線應急方案，構建"產品與產能同儲備"的應急儲備機制，相關生產線平時只是停止生產，而不是徹底停產，保持生產線"溫熱"，可圍繞醫療物資、通訊設備、應急救援設備等應急產業發展需求，由軍方組織戰略儲備一批生產線，平時可用於軍隊產品生產，重大緊急情況下可轉為民用。尤其是在重點產業領域應儲備一批自動化生產線，以應對重大緊急情況下的生產人員緊缺問題。

四是將產業鏈彈性納入產業治理能力提升範疇，加快全球範圍內的產業鏈佈局，打造中國產業鏈彈性多維發展路徑。產業鏈彈性的增強是產業治理能力的一種體現，將產業鏈彈性上升到國家治理層面有助於更全面、更系統、更科學地佈局產業鏈。全球性突發事件（如此次疫情），蘊含著提升產業鏈彈性的重大機遇，隨著疫情在全球蔓延，處於產業鏈高端環節必然受到重大衝擊。當前，中國產業鏈正邁向全球產業鏈的中高端，可挖掘疫情背後的機會，加強國際交流，通過技術合作、資產併購、人才引進等方式，在中國仍有比較劣勢的產業領域深化合作，加快推進產業鏈海外佈局，打造中國產業鏈彈性多維發展路徑。

儘快建立應對重大公共事件的
產業供應鏈彈性管理機制與體系

宋 華

中國人民大學商學院教授、博士生導師。兼任商務部市場調控專家庫專家、日本京都大學經營管理學院講座教授、中國物流學會副會長、中國管理現代化研究會副秘書長。主要研究領域：供應鏈物流管理、供應鏈金融、服務供應鏈、供應鏈關係、供應鏈安全與風險管理、供應鏈柔性等。

通過本次新冠肺炎疫情，讓我們看到在國家層面建立產業供應鏈彈性管理體系的必要性。所謂產業供應鏈彈性指的是，一方面能夠通過有效的制度和體系抵禦突然發生的公共事件，從而使重大事件對一國產業經濟的負面影響降到最低；另一方面，一旦重大公共事件的爆發造成產業供應鏈中斷或受損，能夠通過行之有效的手段，快速地讓社會產業供應鏈恢復到原有狀態，或者更為有效的狀態。目前，一些發達國家都在紛紛建立國家層面的供應鏈彈性體系。面對這次全國性的抗擊新冠肺炎疫情以及如今各地開展復工復產的挑戰，更需要我們儘快探索如何在國家層面建設產業供應鏈彈性機制和體系，從而實現抗擊重大公共事件引致的災害與產業供應鏈的穩定持續發展之間的均衡。

從世界各國的經驗以及中國的特點看，這種國家產業供應鏈彈性體系建設應當關注五個方面。

一是加強政府與產業之間的信息分享和透明化管理。重大公共事件爆發後，無論產業還是政府管理部門都需要及時或實時掌握重大公共事件對產業的衝擊點和衝擊程度。重大公共事件的發生，可能會對產業運行的不同方面（如供應端、需求端或物流端）、不同行業、不同地域產生差異化的影響。因此，需要通過建立政府與產業之間高度關聯和分享的信息機制，讓各方及時掌握重大公共事件產生的影響，從而有針對性地施策，儘快促成產業供應鏈運營的恢復。除了及時或實時信息化反饋和決策外，要建立彈性產業供應鏈，還需要運用現代信息通訊技術（如大數據分析、物聯網、區塊鏈等）實現產業供應鏈的透明和可追溯管理，這一點在應對重大公共事件、救災或恢復過程中尤為重要，這不僅是因為透明、可追溯可以極大地提高政策實施的效果和產業鏈恢復運行的效率，更在於能夠實現良好的社會治理以及增強抗擊重大公共事件的信心。

二是建立協調化、綜合性的產業供應鏈風險管理與產業恢復機制。產業供應鏈往往涉及多環節、多領域以及多利益相關者，任何一個環節的損失或失效，都會對整個產業供應鏈產生深遠影響。具體來講，產業供應鏈的恢復不僅涉及企業層面的問題，還涉及勞工、交通、海關、商檢、工商、稅務、金融、其他公共事業部門等各個方面的協調配合。此外，為了使應對、恢復措施落地見效，還需要建立起自上而下的協調機制。本次抗疫過程中，中央各部門和各地政府均在制定政策措施，幫助企業復工復產，這是非常重要的舉措。但是還要從全局性、系統性的角度協同政策措施，防止措施實施的不一致對產業供應鏈恢復的影響。

三是確立產業供應鏈彈性和恢復的管理流程。要迅速恢復產業供應鏈，有效地制定和實施對策，需要管理部門有一套行之有效的管理流程，並且形成一套標準的工作規範。一般而言，恢復產業供應鏈的工作步驟和規範分為五個階段：第一階段是研究與繪製（research & map），即運用即刻獲得數據信息來識別、映射產業供應鏈的節點；第二階段是分析（analysis），即在識別和繪製供應鏈節點和援助需求後，政府管理部門通過審視特定供應以及節點的重要性，整合相關利益方，對產業供應鏈進行初步分析；第三階段是外聯（outreach），即在分析產業供應鏈狀況後，管理部門可以與主要利益相關者（包括私營組織、相關司法部門和其他區域合作夥伴）進行接觸，以審查他們的情況，開展合作；第四階段是行動（action），指的是政府與相關利益方合作實施開展求助，恢復產業供應鏈彈性；第五階段是評估與再定義（assess & refine），即因應供應鏈運營的變化和彈性的要求，持續與利益各方合作，不斷提升數據、分析和行動的效果。顯然，這一套管理流程和規範有助於有序、有效地開展工作，最大限度地調動社會各方力量，恢復產業供應鏈運營，而這也正是中國目前亟須解決的問題。

四是綜合性的"人"（勞動力保障管理）、"財"（金融政策和服務）、"物"（物流保障）管理體系。產業供應鏈的順利運行，特別是遇到重大公共事件後，恢復生產和經濟秩序，最為重要的是人、財、物的保障，這是供應鏈運行的基礎設施和系統。"人"主要是如何迅速地保障產業供應鏈關鍵活動或者關鍵領域的勞動力和人才。具體來講，政府層面，一方面需要根據疫情在不同地區的狀況，採取差別化的疫情防範措施，柔性制定返崗復工政策，儘快將產業供應鏈的風險降至最低；另一方面需要採取積極的勞動力政策，幫助企業解決勞動力問題，特別是要統籌返崗復工復產的政策落實。彈性供應鏈建設的另一個重要基礎設施便是金融服務。這次重大公共事件的發生，很多企業特別是中小企業面臨著資金短缺甚至中斷的風險，對產業供應鏈恢復構成了嚴重威脅。面對這一狀況最近國家各部門也出台了很多扶持中小微企業的金融政策，這些舉措均取得了良好的作用。然而，要形成持續的彈性供應鏈機制，除了這些應急性措施外，更需要制度性保障，特別是開放政府公共數據，支持企業徵信；敦促核心企業加強配合度（要求其確權、開放信息）；線上審查和盡職調查；增加流動性（如降準、逆回購等），顯然這些問題的解決都需要制度化建設。彈性供應鏈保障體系的第三個方面是物流，面對重大公共衛生事件，應急物流是重中之重，沒有良好的物流支撐，產業供應鏈的運營也難以為繼。

五是儘快建立基於事件的產業供應鏈預警體系（EWS）。基於事件的供應鏈預警體系的建立是保持供應鏈彈性的關鍵要素，它是指通過一些手段和舉措儘早識別並告知重要的事態發展，並且根據預警信息可以在足夠的時間內啟動適當的措施，以最大限度地減少意外事件的影響。具體來講，EWS 的建立需要關注以下幾點：

第一，必須考慮一些經濟標準來定義相關的監視領域或活動。

第二，建立及時有效的提供和獲得數據信息的技術手段。這可以藉助社會力量（如一些科技公司、大數據公司的技術能力）以及各管理部門協同打造企業和行業的信息數據實時監測體系。

第三，建立當前信息數據的分析模式，分析判斷中需要考慮特定的指標、趨勢、模式和經驗，以識別關鍵事件。

第四，建立預警信息的反饋與分享機制。

疫情防控背景下數字貿易助推中小企業復工復產的對策建議

馬述忠

浙江大學求是特聘教授、博士生導師。浙江大學國際商務研究所所長,浙江大學"大數據＋跨境電子商務"創新團隊負責人,全國國際商務專業學位研究生教育指導委員會特聘專家,中國信息經濟學會副理事長,中國世界經濟學會常務理事。主要研究方向:全球數字貿易、國際貿易與跨國投資。

新冠肺炎疫情正在全面衝擊中國經濟,各級政府在做好疫情防控工作的同時,還必須助推企業復工復產。相較於大企業而言,中小企業抵抗疫情影響的能力較弱,應當是政策重點扶持對象。數字貿易既是中小企業短期應對疫情影響的重要出路,更是長期發展對外貿易的必然選擇,是政府在疫情防控背景下助推中小企業復工復產的戰略突破口。

一、疫情防控背景下中小企業復工復產面臨著巨大困境

當前,疫情防控形勢仍然嚴峻,短期內對中國經濟造成了一

定影響，主要體現在企業的生產經營上，大量企業因疫情影響延期復工復產，即使有小部分復工復產的企業，仍然遭受訂單減少、資金缺乏、用工難等方面的負面衝擊。面對這些負面衝擊，政府推出強有力的扶持政策以穩定中小企業的生產經營十分緊迫且非常必要。一方面，由於中小企業自身規模小，抗風險能力弱，獲取資源能力有限，負面衝擊對其影響更大。當前大量中小企業經營狀況不容樂觀，甚至面臨隨時倒閉的局面。另一方面，中小企業在中國經濟體系中具有至關重要的作用，深刻影響著國計民生，因而助推中小企業復工復產是疫情防控背景下快速恢復經濟發展的工作重點。

二、疫情防控背景下數字貿易助推中小企業復工復產的優勢

1. 數字貿易相較於傳統貿易的比較優勢

第一，數字貿易有利於中小企業提高匹配效率。一方面，數字貿易通過跨境電商平台為中小企業搭建了一條直接對接目標市場的網上通道，擴大潛在客戶的數量。另一方面，跨境電商平台沉澱的海量信息及其提供的數字化工具與服務可以幫助中小企業準確及時掌握目標市場的動態變化，實現精準匹配。

第二，數字貿易有利於中小企業降低經營成本。一方面，數字貿易基於跨境電商平台的集成優勢提供更完善的供應鏈服務，從而降低中小企業履約成本。另一方面，跨境電商平台上留存的大量交易數據有利於金融企業改進中小企業授信的審批和風控模式，從而降低中小企業的申貸成本。

2. 疫情防控背景下數字貿易的絕對優勢

第一，數字貿易有利於中小企業實現智能生產。一方面，數

字貿易能夠基於跨境電商平台數據準確把握客戶需求，減少不必要的線下供應鏈流程，提高有效生產效率。另一方面，數字貿易有利於中小企業規範化生產，通過精準計算原材料需求，合理組織作業班次，加快生產效率，在保障疫情防控的前提下實現復工復產。

第二，數字貿易有利於中小企業實現線上辦公。一方面，數字貿易既不要求企業線下參會和對接客戶，也不要求企業線下調研目標市場數據，這極大減輕了疫情防控壓力。另一方面，數字貿易既能減少企業線下完成供應鏈服務流程的場景，又能減少企業為獲取金融貸款證明其信用能力的線下過程，有利於減少疫情期間的人員流動。

三、數字貿易助推中小企業復工復產的對策建議

1. 長期具有深遠影響的對策建議

第一，提供傳統企業起航補助。政府應當鼓勵傳統企業通過數字貿易改善營銷渠道，支持跨境電商平台減免新簽中小企業所需交納的註冊會員費和宣傳費等增值費用，減免部分由政府和平台協商承擔。

第二，完善金融扶持擔保服務。政府應當鼓勵銀行等金融機構對具有良好信用資產的中小企業給予延期還貸等金融支持，並為其提供一定的資金擔保，幫助其獲取國內外訂單和履行合約。

第三，提高國內通關檢疫效率。政府可以與跨境電商平台聯合構建數字關境，通過平台式運營和數字化操作等形式，實現關務活動的改革和創新，提高中小企業的通關檢疫效率。

第四，統籌海外物流倉儲資源。政府應當與外貿綜合服務平

台合作整合海外物流和倉儲資源，鼓勵中小企業在跨境電商平台大數據運算的基礎上利用海外倉實現提前備貨，保障目標市場貨源充足。

2. 疫情防控背景下短期更具針對性的對策建議

第一，改進企業徵信管理機制。針對疫情導致無法及時發貨的問題，政府應當與跨境電商平台合作改進中小企業徵信管理機制。在中小企業提供相關證明和平台統一處理的基礎上，政府為受疫情直接影響的中小企業出具與不可抗力相關的事實性證明，減少疫情對中小企業信用的影響。

第二，支持平台開展對外宣傳。針對因外媒對疫情錯誤宣傳所導致的國外消費者對中國製造信心不足的情況，政府應當支持跨境電商平台開展對外宣傳。一方面，中國政府可與國外政府達成合作，在權威媒體上發出中國聲音。另一方面，政府可以補助平台利用傳統媒體與新興媒體進行宣傳，恢復國外消費者的信心。

第三，提供企業特殊稅收優惠。政府應當參考跨境電商平台的相關數據調整中小企業進出口關稅政策，適當調整深受疫情影響的特殊地區、特殊產業和特殊產品的進口稅率和出口退稅率，助力中小企業輕裝前行。

第四，減免產業園區租金費用。政府可以通過資助補貼和定向貸款等形式降低或推延跨境電商產業園區中小企業的房租，特別是對採取線上線下結合靈活辦公且不裁員、少裁員的中小企業，可以提供更高的租金補助。

數字貿易作為未來國際貿易發展的必然形態，會逐步取代傳統貿易。當前疫情防控的背景，加速倒逼中小企業採用數字貿易這一最有效的貿易形態穩定生產經營。在政府合理的政策支持下，中小企業將通過數字貿易在短期內實現復工復產，在長期內提升數字經濟時代核心競爭力，從而在疫情過後繼續推動開放型經濟的高質量發展。

開放互聯網醫療首診　安全有效增加
醫療供給　最大限度減少交叉傳染

朱恆鵬

中國社會科學院經濟研究所副所長，中國社會科學院公共政策研究中心主任。出版有《前沿思索：中國經濟非均衡分析》、《中國藥品流通行業發展報告》、《中國市場化指數——各地區市場化相對進程報告（2001年）》等。

新冠肺炎疫情爆發，導致全國醫療資源高度緊張，各種患者蜂擁醫院尤其是三甲醫院，不但遲滯了醫院集中力量應對疫情，也大大增加了各類患者及其陪護家屬交叉傳染的風險，加劇了疫情爆發風險。

迅速安全有效增加醫療服務供給、最大限度降低交叉傳染風險的措施之一就是立刻放開互聯網首診，賦予其合法地位。這樣，很多醫生就可以利用在家等業餘時間網上指導患者就診和治療，不但很多新冠肺炎疑似患者可以迅速得到有效指導，緩解社會恐慌，大部分常見病、多發病患者也可以在家接受醫生的專業指導，盡最大可能減少路上和蜂擁醫院產生的交叉傳染。

2018年4月國務院辦公廳發佈的《關於促進"互聯網＋醫療健康"發展的意見》中規定："允許在線開展部分常見病、慢性病復診"。國家衛健委對此的解釋是,互聯網醫療只能從事復診,不允許通過互聯網進行首診,即不允許沒有線下見面醫生即給出診斷意見和治療方案包括處方的行為。但實際情況是,互聯網首診已經普遍存在,只是為了規避政策和法律風險,醫生和互聯網醫療平台將此種行為定義為"諮詢",並且發明了一個目前已是眾所周知的專有名詞"輕問診",事實上提高了診療效率,節省了醫患時間。

目前,使用"輕問診"的主要是城市中受過一定教育的人群,相對集中在大城市。政府立刻放開互聯網首診、賦予其合法性的最大好處是各種傳播渠道可以廣而告之,迅速擴大互聯網醫療的使用人群,將前述"安全有效增加醫療供給、降低交叉傳染風險"的功效發揮到最大。對處於防疫薄弱環節的中小城市和農村地區,這個政策的效果尤為顯著。

對於互聯網首診風險是否超過線下面診,不同醫生說法有所不同,態度也有所不同,並沒有整齊劃一的看法。如果不同醫療服務網上診療風險不同,將網上首診的決定權交給監管部門還是交給醫生更好?坦率講,還是交給醫生更好。醫生是一個高度謹慎的職業群體,在職業規範和電子實名認證雙重約束下,無處遁行的醫生若判斷網上首診風險過大,自然會要求患者線下首診,有把握、風險不大的情況下才會選擇網上首診。

借鑒其他國家的相關政策,答案會更為清晰。眾所周知,美國是全球對醫療服務質量和安全要求最高的國家之一。我們查閱了美國相關法律,美國所有州都承認互聯網首診,其中 11 個州對互聯網首診和線下面對面首診一視同仁。其他各州也立法認可互聯網首診,但是附加了相關條件。比如,得克薩斯州的附加條件如下:

（1）醫患雙方通過互聯網進行視頻實時交流互動；

（2）即便沒有視頻實時交流，醫生通過互聯網（存儲轉發功能）查閱患者提供的臨床影像資料、視頻資料和病歷，也可以建立首診關係；

（3）醫生通過任何其他形式的視頻通信技術實現的首次診斷，只要這種技術能夠保證醫生診斷符合合適的診療標準。

承認互聯網首診，不僅是賦予這種診療活動合法性，更在於承認互聯網首診等同於線下首診，因此和傳統面診一樣納入醫保支付。

納入醫保支付需要一定的技術手段和行政措施，在首要任務是防範疫情的當下，可以在承認互聯網首診合法性的同時，承認互聯網醫療收費的合法性，同時要求互聯網醫療平台全程記錄並保證診療信息完全可回溯，這是互聯網技術的基本特徵，沒有任何技術困難。

這是目前及時安全有效增加醫療供給、降低交叉傳染風險、政府能夠迅速採取的有效措施之一。

保障生產要素供給，提振消費市場需求，打贏電子信息產業抗疫經濟保衛戰

周子學

中國電子信息行業聯合會副會長兼秘書長，中國半導體行業協會理事長，中芯國際集成電路製造有限公司董事長，江蘇長電科技股份有限公司董事長。曾任工業和信息化部總經濟師、財務司司長。

新冠肺炎疫情的爆發打攪了 14 億中國人春節喜慶的氣氛，幸而在中央和政府的堅強領導下，各項疫情防控措施果斷有力，疫情終於得以控制。作為一名企業家，我對儘快恢復正常生產生活秩序充滿信心。然而，持續數月的疫情對中國乃至世界經濟的衝擊已經發生，在疫情防控進入人民戰爭、總體戰、阻擊戰的同時，有必要思考如何打贏一場經濟保衛戰。為此，我從電子信息產業的角度作簡要分析和建議。

一、疫情影響分析

疫情對電子信息產業的衝擊主要體現在兩個方面。

1. 需求側：國內消費市場需求不足

疫情高峰正處春節假期，電子信息產業鏈本已積極備貨，迎戰消費小高峰，未料疫情突發，老百姓居家不出，商場歇業，需求低迷。消費需求的大幅下滑造成短期庫存攀升，不利影響正逐步傳導至上游企業，衝擊全產業鏈。

國內市場需求的低迷也將影響海外企業，行業內知名企業、諮詢機構紛紛下調第一季度經濟增長預期。

2. 供給側：生產要素供給不暢，全球供給不足

中國已是名副其實的"世界工廠"，生產了全球 75% 的手機、90% 的筆記本電腦等。電子信息產業更新迭代快，5G 推出以來，國際市場回暖，大量新產品推出、備貨，產能已是緊張。此次疫情雪上加霜，給國內生產企業帶來員工返崗難、物料運輸難等諸多困難，春節後產能恢復速度大幅遜於往年同期。

電子信息產業供應鏈長、國際化程度高，一家企業的延遲復工將影響下游企業，加上物流不暢，全球產業鏈的供給都受影響。美國蘋果公司便宣佈，因疫情影響，備貨不足，無法完成原定第一季度營收目標。亦有媒體報道，疫情期間，越南的三星手機組裝廠因來自中國的零組件供應困難，瀕臨生產危機。

二、政策建議

1. 保障物流暢通

電子信息產業分工複雜，產業鏈對跨省、跨國物流的需求高。落實疫情防控、加強對人流管控的同時，應設法將對物流的影響降至最低。

個別地方政府向重點企業發放"重點保障運輸許可"的做法

一定程度上緩解了物流困難。建議推廣類似做法，覆蓋更多企業，加強對基層的督導，全面暢通物流。

2. 協調跨省務工的勞動力有序返崗

沿海地區勞動密集型生產企業的大量用工來自中西部地區，疫情期間人員管控，勞動力"出不了村"，造成沿海地區亟須恢復生產的企業人員不足。

建議跨省協調勞動力輸出和輸入的主要地區，組織中西部地區勞動力有序回到沿海地區的生產崗位。具體來說，可以通過開設直達專列等形式，組織點對點流動，減少人員接觸，在保障疫情防控任務落實的同時，儘快恢復有序生產。

3. 工業園區建立醫療防疫物資及其生產設備的應急儲備

生產企業防控疫情過程中，實際面臨的最大挑戰是防疫物資不足。非常時期，防疫物資成為必備"生產要素"，缺一隻口罩，足以耽誤員工的正常返崗。

有新聞報道富士康緊急導入口罩生產線，日產百萬隻口罩，滿足自身員工上班使用需求。這一舉措通過創造條件，積極自救，保障了生產，然而，並非所有企業都具備富士康的規模和優勢。因此，建議由政府出資和引導，在工業園區層面，建立醫療防疫物資及其生產設備的應急儲備，聯繫園區內具備相關基礎和能力的企業作為應急保障單位，必要時調動儲備物資，搭建儲備產能，為園區內所有企業的持續生產增強保障。

4. 加速 5G 基礎設施建設步伐，提振需求

5G 及相關應用是未來數年電子信息產業發展的最關鍵增量。疫情一旦得到控制，加快 5G 基礎設施建設步伐有助於加速恢復和提振電子信息產業需求，有助於加速經濟恢復性增長。

5. 出台有力政策，幫助企業渡過難關，鞏固企業家信心

電子信息產業競爭激烈，市場機會稍縱即逝，同時，電子信息產業尤其是製造領域資本密集，回報期長。部分企業剛剛傾盡全力投資於 5G 相關的新機會，就遭遇了疫情。即便企業長期發展趨勢向好，數月的經營和現金流困難也足以壓垮一家企業尤其是中小企業。

建議出台有力政策，例如減稅降費、融資支持、招募和用工支持等，"扶一把"因疫情陷入困境的企業，鼓勵它們堅定信心，投資產業新機遇，融入新興產業鏈，耕耘市場，為電子信息產業和宏觀經濟的穩健增長做出貢獻。

6. 強化社會慈善組織管理，使企業和員工放心捐贈

疫情牽動著全國人民的心。非常時期，後方的企業和員工希望通過捐贈表達對疫區人民和抗疫工作的支持。然而，媒體頻頻爆出"紅十字會接受和分配捐贈款物工作失職失責"等新聞，嚴重削弱了大眾對部分社會慈善組織的信任。

建議政府強化對社會慈善組織的管理，提供可信賴的渠道，確保捐款用於抗疫一線，在中央和政府的堅強領導下，全國人民同心協力，抗擊疫情、保衛經濟，必勝！

順應時代，發展室內經濟

張耀輝

暨南大學創業學院院長，教授、博士生導師。出版有《產業創新的理論探索》、《技術創新與產業組織演變》、《產業組織與政府規制》等。在《中國社會科學》、《中國工業經濟》等權威學術期刊上發表論文百餘篇。

從世界各國發生不同類型災難的趨勢看，世界存在著傳染疾病不斷攀升的潛在危險。與經濟快速發展的歐美不同，人口少、地域開闊的地區，即使是日本人口稠密國家，也因為地處緯度較高，並沒有過多流行疾病傳染的機會。但今天在人口眾多的亞洲、非洲進入經濟發展快車道以後，人口規模大、快速流動帶來的傳染性疾病爆發的風險隨時都有可能發生。我們應該以這一前提思考未來的經濟。

地球上有些地區的人口過多，但人口多的地區往往比較貧困，由此世界面臨著新經濟發展模式的挑戰，與此同時科技進步為人類轉變經濟方式提供了可能。特別是 5G 技術獲得突破以後，會進一步推動終端和表達科技的發展，AR 和 VR 升級，將為新的經濟形態提供技術支持，與需求形成互動。我們將未來經濟模式定義為"室內經濟"。

室內經濟是與目前相對的一種經濟形態，是基於非群集化、不需要過多的人流、只依賴於信息的經濟形態，其物質基礎——物流也有大量的機器代替，比如進入小區的包裹由機器分配至快件箱，再由個人取走，無需配送員和快遞員。人們在家裏工作，以高速信息網絡相互連接，家庭不僅是一個起居空間、教育空間、鍛鍊空間，也是一個工作空間。

這種經濟的優勢在於它將給人們帶來更多的時間自由，將浪費在路上的交通時間與交叉感染的風險降到最低，減少交通壓力，提高交通效率，降低出行交通事故風險，減少由集會帶來的成本與風險。

這種生活工作方式在一些科技預測資料中已經給出答案，人們會因為存在上述社會成本的節約而必然做如此選擇，而此次疫情更加反映了極端情形下對這種經濟方式的需要。不僅面對疫情需要人們這樣工作和生活，即使在正常經濟狀態，我們也必須考慮人口如此眾多的國家和交通時間成本如此巨大的經濟，應該調整經濟模式了。

全球分工篇

新冠肺炎疫情對中國在全球供應鏈中地位的影響及建議

黃衛平

中國人民大學經濟學院讓‧莫內講席教授、博士生導師,世界經濟研究中心主任。

2019 年 12 月上旬開始,新冠肺炎在很短的時間內,從武漢向全國蔓延,對中國 2020 年第一季度經濟活動造成了極大衝擊。目前全國發揮體制優勢,集中力量,爭取在最短時間內遏制疫情,恢復全國經濟正常運行,為完成 2020 年社會經濟發展任務作出努力。

筆者判斷,從中國經濟結構趨勢性變化分析,恢復此次疫情造成的損失,需要一定的時間。三次產業中,第一產業受疫情衝擊總體較為有限,但存在對農資、飼料的供給衝擊(停工、停產、停運)和對農產品的需求(運輸不暢)衝擊;第二產業主要是供給衝擊(停工、停產、停運);第三產業則是需求衝擊(自我隔離使消費短期急劇下滑)。情況不同,應對也會各異,目前的復工復產已經使情況發生了趨勢性轉變。另外從中長期看,中國經濟 2020－2022 年在新經濟週期中形成平穩底部，繼而延續中速增長的趨勢不會因疫情衝擊而發生根本性逆轉。

筆者認為，科學評估疫情對中國在世界供應鏈中地位的衝擊，儘快恢復中國對世界供應鏈正常運行的支撐，這不僅應該是當前復工的重中之重，而且對中國經濟未來的發展，也有著極為重要的意義。

從理論上講，伴隨著經濟全球化格局的演進，產業不再是封閉型的組織系統，而成為包容性和擴展性很強的平台，生產的不同階段被信息數據有序聯動，通過產業鏈中核心企業進行整合，即整合研發、市場、生產、融資、運資、商業模式的全過程，圍繞著資金流和物流，將產品或服務生產出來並傳導到最終消費者手中。這些在生產鏈上的核心企業，掌握著上下游用戶和數據資源，承載著整合各種資源的功能，同生產鏈上不同階段的供給者一起分擔責任、分享成果，組成生產的全體系，按各自在供應鏈上的貢獻分享回報。與此同時，當供應鏈出現問題時，短期要進行修復，長期則必須尋找替代者，完成生產體系的自我修復或重新整合，保證供應鏈順暢和生產鏈、價值鏈的完整。

這次疫情的衝擊，驗證了上述理論。由於停工、停產、停運，以及國際貿易中因疫情而產生的種種不利因素，國內外的供應鏈運行的順暢面臨著考驗。受疫情影響，部分中國企業停產、停工、停運，一些國家和地區對人員流動限制，已經顯現出部分跨國企業的全球運營受到影響，這種影響通過全球價值鏈部分傳導到了製造業的上下游環節，供應鏈訂單轉到其他供應國，要知道全球對於中國電子、電器零部件的依存度達到了令人難以置信的 30%。另外，疫情也衝擊著在華跨國公司的投資及生產訂單計劃，影響著它們今後供應鏈佈局。如果疫情短期內無法遏制，可能會危及投資者信心，對未來跨國投資決策產生較大影響。

　　從媒體得到的信息，疫情已經使得包括韓國、日本、印度等一些車企開始制定停產或尋找新供應商的計劃。韓國現代汽車宣佈，由於疫情爆發導致零部件供應中斷，該公司暫停在其最大製造基地韓國的生產，起亞汽車公司也宣佈了同樣情況的發生。另外疫情導致中國工廠減少進口機械、零部件和原材料的訂單，減少從韓國進口電腦芯片，減少從德國和意大利進口工廠設備，供應商也正努力尋找新的市場。從這些情況看，疫情對短期供應鏈修復和長期供應鏈的佈局均有著不容忽視的影響。儘管轉移供應鏈並不容易，然而一旦供應鏈轉移出去，短時期內是很難再轉移回來的，失而復得很困難。需要注意的是，將供應鏈徹底轉移出中國，打亂中國製造 2025 的步調，的確是世界上某些人的真心企盼，因此維繫、發展、提升中國在世界供應鏈中的地位，意義重大，我們不能掉以輕心。

　　為此，筆者建議：

　　首先，迅速全面復工復產，恢復物流是當務之急。一般而言，生產的上下游產業鏈至少要達到 60% 以上的復工率，核心企業帶頭動起來，整個產業才能轉起來，因此要注重全產業鏈的整體復工。同時積極恢復外貿順利進行，避免造成客戶流失，供應鏈訂單轉到其他供應國。

　　其次，維護現有的供應鏈，積極引入利益共享為核心的"合夥人"式的價值鏈體系和相應制約，將越來越多鏈上企業導入這種合夥人供應鏈的鏈管模式。強化東亞產業鏈命運共同體，並以"一帶一路"為紐帶推動亞歐產業鏈的新合作，構造新的價值鏈。

　　再次，抓住危機共生並存的機會加快轉型。中國經濟結構調整的方向就是發展新興產業逐步替代傳統產業，動能切換初見成效可以理解為新興產業的增量規模能夠彌補傳統產業下滑的幅度。目前中國在產業鏈中的趨勢是高技術製造業比重上升、中技術製造業比重下降、低技術製造業比重基本保持不變，因此抓住全球價值鏈動態分工的機會，逐步向重要的中間品生產和高技術製造品組裝轉變，向供應鏈兩端展開是中國企業的必由之路。

另外，在面對新技術革命發展、歐美等國尋求製造業回歸等因素時，積極培育中國企業在生產鏈、供應鏈和價值鏈上的總體切入和整合能力，協調好供應鏈的國內外生產互補，提升對全生產鏈各個環節的軟（信息）、硬（生產）環節的掌控，以及融資、運資的能力，形成對價值鏈可持續發展的多維影響。例如在大型企業建立以價值鏈數據智能化為核心的轉型，形成覆蓋"研產資、供銷服"全價值鏈的智能化技術和管理體系，以適應內部條件和外部環境的變化。

最後，從宏觀經濟政策方面，在穩中求進的基點上，實施積極的財政政策、穩健的貨幣政策維護中國經濟平穩發展是根本。在當前的情況下，中國政府已經適當減、免、緩企業稅收和社會保障費用，還可以通過擴大財政赤字（例如可以暫時突破 3% 的慣常做法），適當加大基建投資力度（中國人均基礎設施存量資本只是發達國家的 1/3 左右），尤其是提升中國經濟增長極、核心城市圈的基礎設施水平，增加對智慧城市建設、交通運輸、教育、醫療、研發等行業的投資，這對提升中國高質量製造業的競爭力和增長率，穩定中國在世界供應鏈中的地位，是非常重要的。

應對全球化分工局部失調，
打贏供應鏈攻防戰中的不對稱戰

林雪萍

全球產業觀察家，北京聯訊動力諮詢公司總經理，南山工業書院發起人。長期研究國際工業體系、工業轉型升級和製造創新。

一、全球化風險被指向"超級工廠"，中國製造供應鏈面臨攻防戰

新冠肺炎疫情暴露了全球化分工的一種脆弱性。整個分工有序的格局，會因為一個突然事件而將整個世界帶入混亂。全球化分工所形成的供應鏈，以節點形式分佈在世界各地，但是，供應鏈並非一個鏈條，而是呈現輻射形的網狀分佈。這其中，作為中樞節點的中國，已經成為"超級工廠"，並逐漸被一些西方發達國家視為一種令人不安的"超級力量"。

在 2018 年全球製造業增加值中，中國佔比達到 28%，是世界第一位，已成為世界供應鏈的中心，大量間接產品從這裏出發。時任美國總統特朗普一直不遺餘力地擠壓中國製造供應鏈的

中樞位置，迫使它外溢。這種投射在"超級工廠"上的"特朗普陰影"，會讓跨國企業的董事會不得不考慮未來不確定性的代價。外企在中國評估供應鏈時，很難不注意到這個風險。

中國供應鏈已經形成了獨具特色的深網結構，漫長的產業鏈條在這裏留有多個不同的節點。但中美貿易戰打亂了一個複雜的全球供應鏈的運行體系，此次疫情會進一步喚醒企業家在全球佈局工廠的意識。一旦轉化成集體性行動，從未來 3～5 年來看，對中國具有護城河效應的供應鏈結網效應，可能會被撕裂。

此時，中國需要將多年積累的製造供應鏈當作一種戰略資產，採用"供應鏈攻防戰"的思路應對全球化分工的新特徵。

二、中國製造供應鏈攻防戰是一場持久戰

美國政府已經在三個戰場上，對中國採取了極端的措施：

（1）貿易戰一直是影響力面大量廣的主戰場，對此中美雙方進行了艱巨的邊打邊談。這是一種對稱戰的戰法，雖然兩國進出口金額並不相同，但雙方的損失按照接近對等的原則進行計算。

（2）學術封鎖戰。美國主導的"學術恐怖"已經對中美兩國正常的學術交流產生巨大干擾。

（3）科技戰，美國採用了一種非常特殊的定向清除中國優秀企業的不對稱手段。以美國商務部的出口管制實體清單為基礎，中國高科技明星如華為、大疆、海康威視等上百家企業都在被"斷供"名單中。在這方面，中國吃盡了苦頭，因為這是一種不對稱的對戰。

中國製造正處在邁向中高端價值鏈的關鍵時期，而全球化分工已經開始出現局部失調。值此非常之大變局，追求安全可控成

為一種急切的呼聲。但這種急切之下，也依然不能違背科學規律，不可抱有速戰速決速勝之心。局部失調的不平衡局面，將會長期存在。中國要想突破以美國為代表的各種遏制防線，需要有一種持久戰的戰略佈局。

三、中國製造供應鏈的策略：不對稱戰

中國的供應鏈攻防戰，作為一種持久戰，需要有多個層次。在亟須突破的領域，要採用更加靈活的進攻戰。供應鏈不對稱戰，就是避免全鏈條啟動國產替代工作，而是尋找技術或者產品的關鍵節點，舉國之力，全力圍剿，形成在單點上的絕對突破，用無法被繞開的"超級節點"，與全球供應鏈牢靠地焊接在一起。上下游都必須通過這個超級節點，從而形成一種反管制、反遏制的奇兵。

1. 尋找死結，尋找超級節點

供應鏈具有強烈的結網效應，有些網狀節點是死扣，很難解開。工業巨頭都想避免對單一供應商的依賴，但這一點其實很難做到。例如，看上去豐田有多個供應商，是多極供應，但這多個供應商的上游供應商經過長長短短的供應鏈之後，又回到了對同一家汽車電子企業的依賴。這就是超級節點的力量。

荷蘭阿斯麥的深紫外光刻機決定了芯片加工的能力。全球最大的晶圓加工廠都會持有阿斯麥的股份，利益相互焊接在一起。然而阿斯麥再厲害，它的鏡頭也必須依賴德國蔡司。為此，阿斯麥也持有蔡司的股份。這是一種相互嵌入、相互忌憚的供應鏈格局。這就是一種不對稱供應鏈的策略。

2. 持久戰下系統性佈局，選擇不對稱戰的突破口

安全可控，不是要走向全面自主。這一點，與全球化分工背道而馳。重要的是，在很多關鍵領域，中國並不具備全面挑戰的能力。例如，華為設計必不可少的一種軟件——EDA 基本都是美國的。就國產軟件商而言，5～10 年內估計都無法追趕。全球最大的 EDA 軟件公司，每年投入研發費用大約為 60 億元；而中國最大的 EDA 公司，年收入還不到 2 億元。在國家扶持國產 EDA 軟件時，最大的錯覺就是希望國內龍頭企業迎頭趕上，像國外一樣做全流程工具。這種做法幾乎是以卵擊石。唯一可能的就是尋找其中的破綻，例如，抓住 5G、AI 芯片的新設計突破，找出不對稱的極點進行集中圍剿，真正成為供應鏈的一個超級節點。大家相互卡住脖子，形成一種不穩定的平衡，中國才有勝算。

中國現在正在大力建設各種晶圓生產線，然而這些大幹快上的趕超行為，都存在著同一種系統性危險。需要仔細做出全局系統性風險的分析，用戰爭的眼光，分析各個投資在供應鏈中的位置。不能每個地方政府、每個企業，都擔負同樣的全線進軍產業鏈的使命，這是一種對全球化分工局勢的誤判。

國家安全戰略與商業化運行，這兩者在很多時候其實是矛盾的。安全可以不惜代價，商業化卻首先需要經濟性。如何實現兩者的交集，從全球供應鏈不對稱戰入手，對於處於追趕的中國，是一個比較務實的策略。對於中國科技巨頭的圍剿，美國也在採取不對稱的作戰方式。由於彼此都會受傷，美國會選擇對己影響最小、對彼創傷最大的方式。這就是為什麼美國會 "舉國之力" 集中火力只圍攻華為一家，而不會同時如此力度打壓其他中國優秀科技企業。然而，如果華為倒下了，其他企業恐怕都得 "跪"

著生。這跟貿易戰是完全不同的戰鬥理念。

　　這是中國供應鏈的進攻戰，需要選擇對方合適的七寸，進行不對稱戰。這樣既能符合全球化分工的大潮流，又能確保國家安全的需要。

四、小結

　　中國在成為"世界工廠"的讚譽中發展，又在成為"超級工廠"的恐懼中受阻。中國製造需要引入"供應鏈攻防戰"的系統工程視角，認清供應鏈的全球佈局的超級節點，採用不對稱戰略，方能夯實中國超級工廠的位置，穩步走向工業強國。

新冠肺炎疫情對經濟全球化的
可能影響和政策建議

馮耀祥

中國國際貿易促進委員會貿易投資促進部部長。曾任中國國際貿易促進委員會發展研究部部長。

中國是經濟全球化的最大受益者之一，通過參與經濟全球化，發揮比較優勢，成為全球工廠和全球市場，創造了世所罕見的經濟快速發展奇跡。

2019 年 12 月以來，新冠肺炎疫情爆發，並在世界各國蔓延，其對中國乃至世界經濟都造成影響。一方面，新冠肺炎跨境傳播，使世界各國更加深刻地認識到彼此利益息息相關，共同採取行動防控疫情，為經濟全球化注入正能量。另一方面，經濟全球化已經進入階段性調整期，主要發達國家在全球經濟合作方面的意願下降，個別國家政府把自身問題歸咎於經濟全球化，新冠肺炎疫情對全球產業鏈、價值鏈產生的負面影響，可能為其反對經濟全球化提供了新理由。

與此同時，新冠肺炎疫情將通過產業鏈、價值鏈調整，對經濟全球化進程和格局產生潛在影響。

一是拉低世界經濟增速。中國勞動密集型製造業和服務業受到比較嚴重的衝擊，如果能像 2003 年抗擊非典那樣在兩三個月內完全控制疫情，預計疫情拉低中國 2020 年第一季度經濟增速 1～1.5 個百分點，拉低全年經濟增速 0.5 個百分點。2003 年非典疫情拉低世界經濟增速 0.1 個百分點。2003 年中國佔全球經濟產出的 4.3%，2019 年則佔 16.3%，因而新冠肺炎疫情可能拉低世界經濟增速 0.2～0.3 個百分點。再加上疫情的全球蔓延，影響更大。現在，中國是 120 多個國家和地區的最大貿易夥伴，對中國出口依賴度較高的國家，經濟增長都將受到不同程度的影響，可能影響其參與經濟全球化的意願和能力。

二是影響國際貿易格局。2003 年，全球供應缺口較大，在非典疫情結束後中國廉價商品得以迅速搶佔國際市場。現在，無論是中國還是其他主要經濟體，都面臨市場飽和的問題。受新冠肺炎疫情影響，中國大量工廠延遲復工，原定生產計劃不能執行，一些國際訂單不能及時履行。如果疫情持續時間長，原有貿易客商將轉向從其他國家進口，從而使中國出口受到更大影響，國際貿易格局發生變化。事實上，在世衛組織 1 月 30 日宣佈中國新冠肺炎疫情構成國際關注的突發衛生事件以來，已經有國家禁止中國農產品入境。另外，由於中國是石油等大宗商品消費市場，疫情將加劇大宗商品國際市場競爭。

三是調整國際投資格局。中國企業受疫情影響而減少生產甚至停工，加上企業盈利下降、預期改變等因素，必然造成下一階段新投資減少。湖北、江蘇、廣東等是對全球供應鏈至關重要的科技製造中心，一些關鍵企業延後生產，在全球範圍內產生多米諾骨牌效應。2 月 4 日，韓國現代汽車就宣佈，由於疫情爆發導致零部件供應中斷，該公司將暫停在其最大製造基地韓國的生產。一些跨國公司在撤出外籍員工、等待復工的同時，難免會重新考慮其全球戰略佈局，實現生產基地多元化。美國智庫米爾肯研究所亞洲研究員柯蒂斯·欽認為："此次疫情的爆發已向美國以及所有中國的貿易夥伴強調了遠離中國進行多元化佈局的價值。"中美貿易戰已經致使一些跨國公司通過將生產轉移到其他國家來避免美國關稅壁壘，新冠肺炎疫情很可能加速這種趨勢。

四是推進新技術應用。新冠肺炎疫情阻滯了人員流動，但也帶動了線上經濟發展，特別是電商、手遊、線上教育、短視頻等行業都獲得了難得的發展機遇。巨大市場需求將有力促進互聯網、大數據等新技術廣泛應用和新經濟快速發展。疫情也為綠色環保、垃圾處理、空氣淨化、物流配送等產業升級提供了新的動力。這都將推動 5G、AR、VR、機器人、無人機、互聯網技術加速發展和在全球範圍內加快傳播。

總體來看，雖然經濟全球化是不可逆轉的歷史潮流，但是疫情會改變經濟全球化格局以及中國在經濟全球化進程中的角色。對此，提出以下建議：

一是進一步加強國際合作，共同應對疫情。共享數據和信息，加強在揭示病毒秘密、研究防治藥物和技術等方面的國際協作，儘可能早地控制和消滅疫情。增進國際政策協調，促使一些國家取消對中國人員、商品進出境不必要的限制措施。堅持內緊外鬆，出台防疫政策實施細則，在做好防控工作的同時加快復工。積極開展輿論宣傳，增強國際社會信心，避免"中國威脅論"沉渣泛起。

二是加快推進產業轉型升級，提升在全球價值鏈中的地位。

中國已經連續十年經濟增速下行，大部分傳統產業已經處於供給老化階段。疫情促使中國產業調整，可以順勢而為，積極支持智能製造業、5G、人工智能、機器人、物流技術、康養產業等發展，推進智慧城市建設，大力發展跨境電商，進而形成全方位科技創新實力，調整產業鏈，增強國際競爭力。繼續優化營商環境，在為受疫情影響企業提供援助過程中對跨國公司一視同仁，為跨國公司提供優質服務。

三是大力推進"一帶一路"建設，增強抗風險能力。擴大對外投資是中國優化經濟結構、推進經濟全球化的必然要求，是推進共建"一帶一路"、構建全面開放新格局的重要依託。此次疫情提示中國應進一步合理佈局產業鏈，在促進產業向中西部地區轉移的同時，加強與東盟、西亞、非洲、拉美等地區國家的產能合作，增強在國際產業鏈中的引導力。進一步加快投資協定談判，為企業對外投資創造有利的外部環境。著力扶持有實力的企業跨國經營和優化全球佈局，提升全球整合資源能力。

四是積極發揮引領作用，推動新型經濟全球化。堅持共商、共建、共享的全球治理觀，推進人類命運共同體建設，佔據經濟全球化的道義制高點。進一步增強引領商品、資本、信息、人才等全球流動的能力，更深入地參與全球經濟、貿易、投資、金融規則制定和全球經濟治理體系變革，努力提升發展中國家在經濟全球化中的影響力，不斷強化制度性話語權。

全球化步入調整階段的中國策略

洪俊傑

對外經濟貿易大學教授、國際經濟貿易學院院長、經濟學部部長、校學術委員會副主任委員。教育部"長江學者"特聘教授，國家"萬人計劃"領軍人才、首批青年拔尖人才，中宣部文化名家暨"四個一批"人才，國家社科基金重大項目首席專家，國務院政府特殊津貼專家。兼任教育部高等學校經濟與貿易類教學指導委員會秘書長、商務部經貿政策諮詢委員會對外貿易專家、全國高校國際貿易學科協作組副秘書長。

世界大體上經歷過三次全球化浪潮。在前兩次浪潮中，中國或被堅船利炮打開國門，或因複雜的國內外環境錯失良機，改革開放讓我們抓住了第三次全球化發展的歷史機遇，在融入全球經濟貿易體系的同時得到迅速發展，至今已連續多年成為世界第一大貨物貿易國，在全球價值鏈中居於核心樞紐地位。當前，全球正處於百年未有之大變局，最近的新冠肺炎疫情爆發並在全球快速蔓延，疊加中美貿易摩擦、世貿組織上訴機構停擺等多重不利因素，國際形勢愈發撲朔迷離，全球化發展不確定性陡增。當前是否依然處於全球化的第三次浪潮，還是到了一個新的調整蓄勢階段？在這一階段我們應該做好什麼準備？下一步全球化會如何發展，以及中國應該在其中扮演什麼角色？這裏就這些重大問題做一個初探，供決策者參考。

第三次全球化浪潮的主要推動力是全球價值鏈貿易的發展，基礎是生產的分割和全球佈局。從成本效益視角看，當前產品分割已經接近極大化，國際分工深化基本進入尾聲。2000 年之後全球化快速發展的另一主要推動力是中國加入世貿組織，現在不可能再找到這樣一個有巨大潛力的經濟體融入世界經貿體系。2019 年美國挑起的中美貿易爭端進一步惡化了全球經貿前景，上訴機構停擺導致世貿組織改革嚴重受挫，自由貿易體系遭受重大打擊。當前中國正處於新冠肺炎疫情防控的關鍵時期，國內的防控已經取得積極進展，但疫情在韓國、日本、意大利、伊朗等多個國家迅速蔓延，各國會進一步加強國際人員交流管控措施，令全球化雪上加霜。不論是從國際貿易、跨境投資、全球價值鏈等的數據分析，還是全球化賴以存在的社會文化基礎透視，抑或是人類社會全球化發展的長週期來看，第三次全球化浪潮已經基本結束，當前正進入全球化的調整階段。

全球化發展受挫既有週期性因素，也因為沒有解決好以下三個重大問題：

首先是失衡問題。第三次全球化浪潮以來，全球貿易失衡問題嚴重，2008 年金融危機後依然處於高位，這妨礙了全球化參與方內部經濟持續健康發展，激化了貿易夥伴之間的摩擦和矛盾。

其次，全球化也在一定程度上加劇了國家內部的收入不平等。發達國家中低收入階層受損，在內部貿易補償和救濟機制極不完善的情況下，他們成為反全球化的主要力量。

最後是規則缺位。當前的國際經貿規則雖然在歷史上發揮過重大作用且依然在發揮重要作用，但不可否認面臨效率低下和規則落後雙重問題，亟須改革以提高效率並積極反映當前國際貿易的最新發展，構建更加公平合理、現代化的規則體系。

這輪調整期會持續相當長一段時間，保守估計至少需要十年左右。在調整期，各方面因素交叉影響、錯綜複雜，給全球經濟貿易帶來很大的不確定性。在當前，國際社會應致力於攜手解決上述三大問題，構建一個國家間利益大體平衡、國內貿易補償機制基本健全、國際治理體系更趨完善的全球經貿體系。同時，調整期結束的另一個前提是中美這全球前兩大經濟體的貿易摩擦結局基本明朗，為全球化新發展奠定政治基礎。

我們很高興地看到，當前一些積極因素也在逐步累積，將成為下一輪全球化的重要推動力。有兩點值得特別關注：

首先是數字經濟貿易的發展。當前，全球數字經濟貿易尚處於初級階段，以跨境電子商務、數字產品貿易等為主要表現形式。未來在新技術、新產業和新模式的進一步推動下，數字經濟貿易將向更廣更深領域發展，成為高質量貿易的重要表現形式。

其次是新一代技術革命。當前以人工智能和機器人、大數據、5G、智能製造、量子通訊和計算等技術為代表的新一代技術革命正在蓄勢待發，一旦取得整體突破將會深刻影響經濟社會的方方面面。人類歷史上每一次工業革命都會帶來國際格局的重大變化和重心的轉移，這一次相信也不例外。第四次工業革命何時到來，將如何影響國際經貿和全球格局，中國應當做哪些準備、如何扮演更好角色，這是我們當前應當關注並深入研究的重大問題之一。

為在下一輪全球化中佔據有利位置，中國宜採取"內外兼修、全面佈局、技術引領、風險管控" 十六字方針。

首先，外修良好的國際發展環境，積極參與經貿規則重構，包括世貿組織改革等重大事宜。應繼續完善中國高標準自由貿易區網絡，尤其是儘快完成 RCEP（區域全面經濟夥伴關係）落地，著力推動中日韓自貿區，積極考慮加入 CPTPP（全面與進步跨太平洋夥伴關係協定）。高質量推進 "一帶一路" 建設，全方位加強互聯互通，打造國際經貿合作的新標杆。

其次，內修國際一流的國家競爭力，包括在宏觀、中觀、微觀三個方面全方位佈局。

（1）宏觀層面，結合中國的改革發展目標繼續穩步擴大對外開放，開放政策的導向宜由特區優惠式開放轉向競爭中性式開放，通過改革激發各類型主體的活力、動力和創造力。

（2）中觀層面，應在進一步嵌入發達國家主導的全球價值鏈的同時，積極打造中國引領的有競爭力的全球價值鏈，關注價值鏈的彈性和抗風險能力，可以在中國具備比較優勢的行業和 "一帶一路" 沿線國家先行佈局。

（3）微觀層面，政策導向應撥霧看花，聚焦在打造有國際一流競爭力的中國跨國公司這個點上，為國家競爭力提升奠定堅實的微觀基礎。核心技術引領是能否在新一輪工業革命中搶佔先機的關鍵，高層次人才和團隊是重點，體制機制創新是保障。依託中國制度優勢、人才優勢和市場優勢儘快補齊核心技術短板，實現從跟跑向並跑、領跑轉型。

調整期也是國際風險快速積聚期，中美經貿摩擦、新冠肺炎疫情等都是例證，因此要構建風險管控體系，儘快完善中國國家安全體系。

新冠肺炎疫情對中國貿易的
影響及政策建議

唐方成

北京化工大學經濟管理學院院長，
教授、博士生導師。主要研究方向：組
織行為與人力資源管理、平台戰略與創
新生態系統等。

新冠肺炎疫情在短期內對中國進出口貿易產生了較為嚴重的衝擊。中國作為貿易第一大國，對全球貿易發展具有舉足輕重的影響。世界貿易組織（WTO）發佈的《全球商品貿易晴雨表》（2020 年第 1 期）報告顯示，2020 年第一季度全球貿易趨勢實時測量讀數為 95.5，其中集裝箱航運指數（94.5）、航空貨運指數（94.6）、電子零件指數（92.8）、農業原材料指數（90.9）均低於基準水平（100），全球商品貿易增長呈現疲弱走勢。在新冠肺炎疫情影響下，各項貿易指數將會進一步下跌，全球貿易前景可能持續疲弱。但從長期來看，中國貿易仍存在較為強勁的內生發展動力，貿易競爭優勢客觀存在，長期向好的趨勢不會改變。

一、新冠肺炎疫情對中國貿易的影響

新冠肺炎疫情在短期內對中國服務貿易產生了較大衝擊,尤其是旅遊服務貿易和運輸服務貿易等產業。國家外匯管理局公佈的數據顯示,2020 年 1 月,中國服務貿易總額比 2019 年同比下跌 14%,其中旅遊服務貿易和運輸服務貿易分別存在 1 269 億元和 319 億元逆差。目前,國際上已有許多航空公司宣佈取消中國航線或削減航班次數,中國跨境旅遊行業基本處於停滯狀態。在運輸服務貿易行業,許多國家實行嚴格的檢疫措施,國際運輸行業物流不暢、裝載率偏低、目的地掛靠難度增加等問題凸顯,多家班輪公司和航空公司對涉及東南亞的許多航線和國內港口採取停航、"跳港"、班期調整等措施,對中國運輸服務貿易造成明顯的負向衝擊。但疫情期間,軟件服務、跨境支付等服務貿易額反而大幅增長。

新冠肺炎疫情衝擊了中國貨物進口貿易,但影響總體較小。受疫情影響,短期內中國的生產和消費需求均明顯減弱,進口貿易企業復工生產延遲導致對進口原材料和中間品的需求降低,大宗商品、工業機械、電子設備等產品的進口規模出現下降。但中國進口也存在一些有利條件:一方面,由於疫情防控需要,中國增加了對醫療產品和相關緊缺物資的進口;另一方面,根據中美第一階段貿易協定,中國兩年之內將從美國增加進口 1 000 億美元的食品和農產品等。

新冠肺炎疫情對中國貨物出口貿易的負向影響高於進口。貨物出口需要受到物流、裝運、檢驗檢疫、報關等諸多環節的考驗。受到疫情的影響,人員流動受阻,企業返工延遲,即使復工,企業也通常面臨著防護物資緊缺和原材料庫存不足等問題,部分企業可能還面臨著進口原材料或中間品缺位問題，生產配套體系被打亂，生產週期也將拉長。同時，由於交通物流限制，物流成本高昂，商品的發貨、檢驗、跨國運輸均需要更長的週期。此外，隨著新冠肺炎疫情在全球的蔓延，外部市場需求出現階段性減弱。此外，若已簽訂合同而商品不能按時交貨，出口商將面臨較高的違約風險和高昂的違約索賠。

新冠肺炎疫情影響中國的全球供應鏈地位，並可能誘發新型貿易壁壘。中國是全球供應鏈的重要組成部分，供業鏈的某一環節受阻，將導致整個下游企業停止運轉。目前，新冠肺炎疫情已嚴重影響了汽車製造、醫藥與電子行業。如果疫情持續時間長，客戶把採購轉移到其他國家和地區，將會加速外貿訂單流失，嚴重衝擊中國在全球供應鏈的地位。此外，新冠肺炎疫情發生以來，國際部分新聞媒體進行負面報道，這可能讓 "中國威脅論" 抬頭。國外企業和消費者會擔憂來自中國商品的安全問題，將會強化對中國出口商品的檢驗檢疫，或要求中國出口的貨物具備無 "新型冠狀病毒" 證明書。新冠肺炎疫情可能引起國際恐慌，如果世界各國廣泛對中國出口商品設限，有可能成為中國出口商品面臨的新型貿易壁壘。

二、中國貿易發展的應對措施

為了有效消減疫情對中國貿易的短期衝擊，亟須科學評估疫情對貿易的影響，系統梳理疫情可能導致的外貿薄弱環節和風險點，統籌協調財政、金融、保險、法律等方面的穩定外貿政策，發揮各種政策的協同效應，減緩疫情對中國貿易的負面影響。具體提出以下政策建議：

　　第一，加強財稅支持力度。對於進口防護物資的外貿企業，給予國內外物流、部分財務成本支持。對於受疫情影響嚴重的貿易行業，採取部分減免行政事業性費用、合理調整稅收、短期貸款貼息、延期繳納稅款和社會保險等政策。對於有規模、有增長、有潛力的外貿企業，充分發揮國家和省級相關專項資金的引導作用，鼓勵企業多渠道開拓多元化國際市場。相關部門應努力提高出口退稅政策的審批速度，足額實現出口退稅，為外貿企業復工復產夯實基礎。

　　第二，加強金融支持力度。鼓勵金融機構主動傾聽外貿企業面臨的問題和困難，了解外貿企業的金融需求，及時提供精準有效的指導和幫助。擴大外貿信貸投放，滿足貿易融資需求，對有市場、有訂單的企業實現應貸盡貸，確保履約。對於參與疫情防控的外貿企業，依法優化、簡化審批流程，優先給予信貸支持，全面降低企業的融資成本。對於受疫情影響嚴重的貿易行業，設立新冠肺炎疫情專項基金，鼓勵政策性銀行為重點貿易企業發放專項項目貸款。對部分到期還款困難的企業，可予以展期或續貸，合理延長還款期限，切實做到不抽貸、不斷貸、不壓貸。

　　第三，充分發揮出口信用保險的作用。應充分利用出口信用保險幫助企業應對取消訂單、拒收拒付、拖欠貨款等收匯風險，有效保障出口收匯落實。開闢理賠服務綠色通道，在貿易真實的情況下適當放寬理賠條件，做到應賠盡賠、能賠快賠。擴大出口信用短期保險的覆蓋面，合理調整降低費率，兼顧外貿發展大局，提高通過保單獲得銀行融資的支持力度。

　　第四，積極開展外貿法律服務。加強對國外貿易壁壘等相關信息的收集和發佈工作，積極開展預警和幫扶。為疫情期間企業存量訂單面臨的違約和糾紛提供多渠道、多形式的諮詢服務，對疫情導致的國際貿易合同無法履行等問題提供法律服務，支持外貿企業通過商事調解、商事仲裁等方式維護自身權益。

第五，促進知識密集型服務貿易發展。創新管理機制，充分運用新時代信息技術，重點支持醫藥研發服務、遠程辦公、在線教育、網絡營銷、電子商務平台服務、工業軟件等業務加快發展，鼓勵各級財政、服務貿易創新發展引導基金、金融機構、其他社會資金加大對上述業務及相關企業的獎勵支持。優化網絡營商環境，鼓勵傳統外貿企業和生產型企業開展跨境電商業務，增加企業與知名跨境電商平台或服務商合作的費用支持，支持企業開展跨境電商零售進出口、保稅倉建設，提高企業線上開拓國際市場的能力。

第六，在國家層面加強與國際社會的溝通協調。要全面啟動強有力的外交，積極呼籲世貿組織成員科學理性看待疫情的影響，不採取過度的貿易限制措施，逐步解除對往來中國的國際運輸工具及人員的入境管制。積極推動政府、外貿企業與境外客戶的協商、溝通和交流，以積極的態度和透明的信息獲取諒解，對可能造成的訂單延期進行合理協商。在疫情得到有效控制後，積極推動中外兩國間的技術交流與合作，促進旅遊服務貿易和運輸服務貿易便利化發展。

新冠肺炎疫情下 2020 年中國
對外貿易前景分析

盛 斌

南開大學傑出教授，人文社會科學研究部部長，經濟學院院長，中國 APEC 研究院院長。國家"萬人計劃"哲學社會科學領軍人才，教育部"長江學者"特聘教授，入選國家"百千萬人才工程"，國家有突出貢獻中青年專家，中宣部文化名家暨"四個一批"人才，國務院學位委員會學科評議組委員，國務院政府特殊津貼專家。主要研究領域：世界經濟、國際貿易、國際政治經濟學。

　　中國自 2001 年加入 WTO 以來，積極融入全球價值鏈與多邊貿易體系，對外貿易增長迅速。至 2019 年末，中國出口和進口貿易佔全球的份額分別為 11.7% 和 9.6%，列世界第二位，成為名副其實的貿易大國。2018 年 3 月美國特朗普政府動用"301 條款"以知識產權問題為由對中國進口商品加徵懲罰性關稅，從而挑起中美貿易戰，中國對外貿易開始面臨新的形勢與挑戰。2019 年底中國又爆發新冠肺炎疫情。而當中國的疫情得到一定有效控制之時，新冠肺炎卻又在其他國家和地區開始加速蔓延。此次疫情疊加中美貿易戰、中國經濟增長放緩，對中國的經濟與外貿形成了嚴峻的挑戰。

一、新冠肺炎疫情對中國對外貿易的影響

一是外貿生產面臨巨大壓力。新冠肺炎疫情爆發以來，加上春節假期因素，企業受到疫情帶來的諸多不利影響，包括人員流動受阻、交通物流不暢、防疫物資緊缺、原材料供應不及時等，導致停工停產，國內生產秩序和供應鏈受到較大程度的破壞。以中心疫區武漢市為例，三大支柱產業——光電子信息、汽車及零部件、生物醫藥行業均遭受巨大打擊。作為中國"光谷"的心臟地帶，全球約 1/4 的光纜光纖設備和中國最先進的芯片製造都在此生產。此外，外貿大省（廣東、浙江、江蘇及山東等）與勞動力輸出大省（河南、安徽、四川、江西、湖南及重慶等）的疫情也均比較嚴重，給全國外貿生產帶來嚴重的負面衝擊。目前，由於各地復工時間不統一，上游原材料和中間品無法保證供給，國內生產鏈還不能達到有效銜接，生產難以恢復到日常產能水平。

二是外貿供應鏈受衝擊。2020 年 1 月 31 日，世界衛生組織宣佈新冠肺炎疫情構成"國際關注的突發公共衛生事件"。儘管世界衛生組織不建議其他國家採取旅遊及貿易方面的限制措施，但仍有許多國家對中國採取人員入境管制、加強船舶停靠限制以及暫停進口部分中國商品，這對中國進出口貿易造成較大的全球供應鏈衝擊。隨著疫情在日韓等國家的擴散，這些國家也紛紛採取了更加嚴格的隔離防控措施，使中國對外貿易面臨更大的不確定性。

一方面，外國疫情的擴散將影響中國進口價值鏈上游的原材

料、中間產品和關鍵設備，例如蒙古國已暫停向中國交付煤炭，智利和尼日利亞的銅礦公司已推遲或取消向中國發貨。

另一方面，在國內需求尚未復甦的同時，疫情在海外的擴散（尤其是美國與歐洲疫情的發展變化）也影響對中國出口品的國際需求，這可以從 2020 年 1—2 月的中國出口集裝箱運價指數（CCFI）的下降清晰地看出。

三是服務貿易經歷寒冬。受新冠肺炎疫情影響，全球多個國家和地區對中國採取了嚴格的入境管制措施。部分外國航空公司相繼宣佈暫停或減少飛往中國的航線航班，跨境人員流動嚴重受阻。在此背景下，中國出境旅遊、留學規模以及交通運輸服務大幅下降，外國遊客和商務訪問來華規模也同時劇減。一些勞動力密集型的服務外包業在短期內也會受到一定影響。

二、新冠肺炎疫情下中國 2020 年的對外貿易前景

第一，新冠肺炎疫情將導致中國 2020 年第一季度進出口增速回落。目前許多地方雖已逐步有序復工，但都面臨復工難、招人難、運輸難、接單難、履約難等共性問題，同時還面臨國際物流不暢、外國貿易壁壘增多等難題。由於前期的停產停工衝擊以及短期內運力與運費激增的壓力，產能的恢復將是一個逐步的過程。

第二，新冠肺炎疫情對外貿的影響從中期看是暫時性和階段性的，主要取決於疫情持續的時間和範圍。從目前情況看，各地外貿企業復工復產總體進度不斷加快，出現積極向好的趨勢，沿海省份的外貿企業的復工率已超過 70%。預計如果在 3 月疫情得到決定性的有效控制，它對中國 2020 年進出口及外貿供應鏈的

衝擊則較為有限。

第三，在中國解除疫情和國外疫情得到有效控制後，中國外貿增速有望顯著反彈。中國是當今全球供應鏈的中心之一，這決定了世界對中國以及中國對世界的貿易依賴都非常高。疫情結束後，被積累壓抑的產能、投資和消費需求將會快速釋放，中國經濟的動能將反彈，市場規模也會持續擴大，製造業出口與服務貿易將重新恢復生機。此外，在新冠肺炎疫情中，5G、人工智能、大數據、區塊鏈、雲計算等新興技術得以應用，在線教育、在線醫療、在線辦公等新業態得以快速發展，無人零售、無接觸配送、標準化生鮮套餐等新模式層出不窮，在服務領域實現了線上線下有效融合。中國製造與服務貿易的出口數字化特徵將進一步凸顯，從而成為對外貿易發展的新引擎與新動力。

第四，根據疫情發展變化情況，中國可適時調整與其他國家的經貿關係。例如，中美第一階段經貿協議的最後一個條款（第7.6 條二）指出，"如因自然災害或其他雙方不可控的不可預料情況，導致一方延誤，無法及時履行本協議的義務，雙方應進行磋商"。考慮到目前疫情已經對中國經濟產生了嚴重的不可抗力衝擊，美方也為此啟動了公共衛生緊急狀態（說明承認了衝擊的嚴重性和不可控性），同時美國的新冠肺炎疫情也發生了複雜不利的變化，因此中美雙方可據此商討推遲或暫緩在短期內增加對美國的進口採購。

第五，要做好由於疫情可能導致的對中國不利的中長期情景評估與應對。新冠肺炎疫情對全球供應鏈體系造成的衝擊使跨國公司意識到供應鏈風險管理的重要性與緊迫性，特別是過度依賴或迷戀某個市場所帶來的問題，因此跨國公司將有可能考慮進一步多元化其全球供應鏈。這將對中國形成產業鏈轉移及分散的外溢負面衝擊，因此，維護中國繼續作為供應鏈中心的穩定地位和防止大規模的供應鏈重構是必須優先考慮的。

三、新冠肺炎疫情下的中國外貿政策建議

首先，在加強防護的前提下，儘快優先恢復出口行業的生產是當務之急。應設立嚴格的"綠區工廠"，對中國在全球供應鏈中佔有重要地位且屬於智能化、自動化程度高的出口行業，例如電子、機電、汽車、辦公設備等行業，應儘快恢復生產與出口。服務貿易也應通過加速線上化技術創新擴大交易。

其次，政府要充分用好用足政策籃子以穩外貿、促外貿。要協調復工審核部門簡化和加快辦理手續，支持外貿、外資、商貿流通和電子商務企業有序復工復產。積極有序推進"一帶一路"重大項目。加強對外貿企業的金融信貸、出口信用保險等政策支持。創新和優化招商引資與服務方式，穩住外商外資。建立海外疫情應對快速反應機制，為境外中資企業做好權益保障和協調服務。

最後，外貿企業應繼續加速數字化、智能化與綠色化轉型，構建新的核心競爭力。把疫情壓力變為動力，在人工智能、大數據、5G、3D 打印等前沿技術的推動下，提高生產效率與管理水平，並將供應鏈管理、風險管理與危機管理納入現代生產決策與管理體系中來。

新冠肺炎疫情對中國外貿外資的
影響分析及對策建議

霍建國

研究員，博士生導師，國務院政府特殊津貼專家。曾任商務部國際貿易經濟合作研究院院長、國家經貿委外經貿司副司長、商務部外貿司副司長。研究方向：世界經濟和國際貿易。

　　重大的公共衛生突發事件必然會對我們正常的生產和生活產生重大影響，對經濟增長和各行業的經濟發展產生巨大衝擊和影響。根據新冠肺炎疫情的發展態勢和新的變化趨勢，中央及時提出了一手抓疫情防控、一手抓復工生產的要求，以保證正常的經濟發展和物資保障，確保取得這次疫情防控阻擊戰的全面勝利。此文僅對疫情對外貿和外資的影響做一粗淺分析，並力爭提出有針對性的政策建議。

一、關於疫情對外貿進出口的影響分析

　　疫情的發生必然對中國進出口貿易產生負面影響，主要體現在以下方面：

一是可能造成大範圍出口合同違約現象。從廣東和浙江出口企業的安排看，大部分企業的春節假期都安排在正月十五後復工，即 2 月 10 日開工。由於受疫情防控的影響，多數企業均未能按時復工。根據浙江省公佈的數據，按時復工外貿企業僅佔 25%，這無疑對 2 月和 3 月的出口合同履約造成影響，並將帶來眾多的貿易糾紛。

二是對參與全球價值鏈供貨的影響。在中國目前的出口規模中，仍有較高比例的進料加工和委託加工的關鍵零部件和中間產品，特別是在汽車產業和信息技術產品方面比例更高。有媒體報道，由於受中國疫情影響，全球汽車主要生產廠家受到中國零部件供應不足的影響，已被迫下調汽車產量。如果此局面不能很快恢復，估計部分跨國公司將不得不考慮調整其產業鏈佈局，這將對中國長期參與全球產業鏈分工和競爭產生重大影響。

三是短期內對中國組織進口產生不利影響。進口規模變化取決於國內的需求變化。受疫情影響，國內大部分生產安排有所遲滯，對進口原材料和關鍵零部件的需求將受到嚴重影響，特別是在生產全面恢復之前，進口需求訂單將大幅縮減，中國 2、3 月份的進口將出現明顯的負增長。

四是對出口的影響將明顯大於對進口的影響。因為在出口方面還將發生由於外部環境變化帶來的一系列負面影響。儘管國際上一些國家對中國的限制僅局限在交通運輸和人員出入境方面，但不排除部分國家將對中國的出口產品採取公開或隱蔽的限制措施，至少會加強對中國產品的通關檢驗措施，導致貿易的暢通受到一定的影響。而從進口方面看，這一影響並不明顯，當然這一切同出口商品的種類和疫情好轉的時間節點是密切相關的。

二、關於對引進外資的影響分析

疫情對中國擴大利用外資會產生階段性影響，但中國正在推動的高水平開放的積極影響和吸引外資長期向好的趨勢不會發生變化。短期的影響將集中在以下方面：

一是外資生產企業所受影響基本同國內生產企業一致，關鍵取決於疫情好轉的時間節點。我們在針對國內企業採取扶困政策的同時，應考慮同類外資企業的政策並應遵照國民待遇原則，保持內外資企業相同的政策。

二是對服務業擴大利用外資將產生滯後影響。2019 年中國利用外資形勢的穩定，得益於中國宣佈的一系列放寬市場准入限制的開放舉措。隨著中美第一階段貿易協議的簽署，中國在服務業開放領域又增加了部分新領域。由於受疫情影響，本打算 2020 年增加對華投資的部分國外金融領域的跨國公司將被迫推遲投資計劃，所以第一季度中國在服務領域的利用外資不可避免要出現大幅下降。

三是不排除有個別外資企業停業或收縮投資規模的可能。這次疫情的影響更多集中在商貿物流企業和服務行業，特別是在服務領域，如賓館飯店、旅遊餐飲和相關的商貿物流等企業，由於客流中斷，經營效益將受到嚴重影響，有些企業不得不調整其經營策略。

從以上分析可以得出如下結論：

（1）影響程度的大小取決於疫情變化的轉折點的早晚。

（2）服務行業受到的影響大於製造業。

（3）對出口的影響將大於對進口的影響。

三、具體對策建議

（1）採取區別政策，根據不同省市的防疫情況，在有條件的地區儘早做好恢復生產的調度和安排，要特別關注外貿企業和外資企業的困難，幫助它們排憂解難，全面促進生產活動的正常進行，以避免由於疫情時間過長，可能導致的某些物資供應的短缺現象。

（2）支持外貿企業妥善解決合同執行問題。需要外貿企業加強同客戶的溝通和協商，避免產生中斷合同或違約賠償的可能，同時政府也應根據外貿企業的具體困難，提供必要的政策支持，要特別注意重點領域和關鍵零部件出口企業的困難，支持它們復工生產，確保中國在國際價值鏈中的供貨能力。

（3）關注外資企業的復工生產情況，關心它們的困難，為其排憂解難，確保它們在華投資的穩定發展。此外要繼續保持招商引資的力度，對於原定的有意向的投資項目，要加強溝通聯絡，向它們主動通報中國疫情防控的積極進展，確保疫情結束後，跨國企業可以儘快恢復正常的投資項目。

（4）高度重視中美協議的執行情況。應積極努力完成我們承諾的擴大進口的規模，個別無法完成的進度應及早向對方通報情況。如屬於對方原因，應以理據爭，儘量避免雙方因失信導致新的矛盾和糾紛，避免為中國外向型經濟發展增添新的困難和矛盾。

應對海外危機衝擊的建議

劉 英

中國人民大學重陽金融研究院研究員，財政部首批 PPP 專家。研究領域：宏觀經濟、產業經濟、國際金融。在《人民日報》、《經濟日報》、《光明日報》、《金融時報》等報刊理論版發表文章 300 多篇。出版《金磚國家：新全球化的發動機》（中、英、俄、葡文版）、《"一帶一路"國際貿易支點城市研究》（中、英文版）等著作。

新冠肺炎疫情全球肆虐，美股暴跌令經濟危機如灰犀牛般衝來。全球化面臨短期衝擊，世界經濟政治格局必將重新洗牌。習近平指出，新冠肺炎疫情對我們是一場危機，也是一場大考。作為世界經濟增長的穩定器和發動機，中國要把握好難得的歷史機遇，抓住百年未有之大變局，轉危為機，科學規劃，統籌安排，精準施策，實現中華民族的偉大崛起。

一、疫情可能引發百年不遇的金融危機和經濟危機

新冠肺炎疫情導致幾十個國家進入緊急狀態，封城封國成為常態，人流物流阻隔對消費造成毀滅性打擊，成為壓倒駱駝的最

後一根稻草，引發羸弱的美歐股市出現暴跌，流動性枯竭。如果疫情長時間不能得到有效控制，危機將會沿著流動性危機、債務危機、經濟危機的邏輯鏈來發展。

首先是流動性危機。作為經濟的晴雨表，截至 3 月底美歐股市已暴跌約 40%，美股十日內四度熔斷，一日內 12 國股市熔斷，全球股市走出堪比大蕭條的大跌行情。疫情爆發以來，全球股市已遭受 24 萬億美元的財富損失，超過美國全年 GDP。美股、油價自由落體的同時，黃金先漲後跌，顯示市場流動性枯竭。

其次是債務危機。美聯儲祭出緊急降息、無限量寬、大額回購外加貨幣互換要保持美元流動性，通過 CFPP（商業票據融資便利機制）等融資工具繞開銀行直接給企業輸血，仍無法制止股市暴跌，這將引發債務危機快速爆發。美股十年來依靠美聯儲非常規貨幣政策和量化寬鬆的大量印錢，以及上市公司借債回購股票來支撐股價上漲，股市暴跌將導致高槓桿公司的債務風險暴露。而油價暴跌到每桶 20 多美元，也引發頁岩氣債務暴露。2008 年金融危機以來由於缺乏顛覆性創新，美國新增 2 萬億美元 BBB 級債券，伴隨股市暴跌評級下調，資產價格將被重新估價，更多垃圾債券爆倉將會引爆債務危機。

最後導致經濟危機。股債暴跌會擠壓惡化金融機構的資產負債表，企業破產也會隨之增加，而美國民眾的養老錢也大都投資在股市，日常用信用卡超前借錢來消費，股市暴跌帶來大量居民財富擠出效應，這將導致消費銳減，而更多企業破產倒閉又讓失業率高企。國際勞工組織報告認為，2020 年全世界工人或損失 3.4 萬億美元收入。高盛和摩根預計美國第二季度失業率將達 30%，GDP 增速將減半，這恐怕在美國史無前例，惡性循環將導致經濟危機。聯合國秘書長古特雷斯表示，現在面臨的是聯合國75年歷史中前所未有的危機。它造成了人類的苦難，影響了全球經濟，摧毀著人們的生活。全球經濟衰退基本是肯定的，甚至會達到破紀錄的程度。

雖然美聯儲、歐洲央行及各國央行紛紛打破常規放水救市，為防止經濟危機無所不用，但作為最後貸款人的央行並不能制止金融危機或經濟危機。全球經濟所面臨的危機也會給中國經濟帶來負面影響。

三、對新冠疫情和百年不遇經濟危機的應對建議

針對百年不遇的經濟危機，中國要內控疫情，外防輸入。對內，保持戰略定力，穩妥有步驟地推進恢復生產，抓好經濟發展、民生穩定；要放大招來深化改革擴大開放，科學穩妥地推進經濟高質量發展。對外，加強國際合作主動作為，開展對外合作交往，發展中國夥伴網絡，加強雙多邊合作，推進經濟全球化。抓住歷史機遇，重塑世界新格局新秩序，實現中華民族偉大復興，構建人類命運共同體。

（1）抓牛鼻子穩經濟和金融，加大逆週期調節力度。面對百年不遇的金融危機和經濟危機，既要科學創新，又要深入調研，穩妥推出更多更大的創新政策與工具。積極的財政政策更加積極有效：減稅降費；提高財政赤字率；擴大地方專項債和國債；穩妥推進 PPP，激發民間投資活力；加大財政轉移支付，保工資民生。穩健的貨幣政策更加靈活適度：善用貨幣政策和工具；完善 LPR 改革，降低實際利率水平；給予復工復產的中小微企業貸款展期，幫企業渡過難關；適時降準降息，普降甘霖，推動經濟增

長；控通脹穩匯率，推動人民幣國際化。

（2）有針對性地分門別類促進產業振興與發展。首先，順水推舟促進在疫情期間逆勢增長的 IT 信息產業、現代物流和批發零售業。加大鼓勵數字經濟發展。其次，受疫情影響最重的交通運輸、住宿餐飲、農林牧副漁，則要分類施策促進產業振興。加強數字農業發展，推進鄉村振興和全面減貧，抓生產確保糧食穩產。再次，以新《土地管理法》為契機，穩妥釋放集體土地使用權，發展特色小鎮，以房住不炒為前提，釋放改善型住房需求，"一城一策"穩妥推進房地產業健康發展。最後，金融業要讓利給實體，同甘苦共患難，適度提高貸款不良率容忍度。

（3）從需求側激發消費、投資、出口活力拉動經濟。首先，消費在中國 GDP 中佔近 60%，消費火則經濟火。要切實擴大有效需求，通過發放消費券作為槓桿來促消費。對汽車和房產拉動上下游多產業的特殊商品要放大招，如在城鎮化率不高、人口淨流入地區或城市群中取消房產限購政策。2020 年 2 月份汽車銷售下滑 80%，應全面放鬆汽車限購，以北京為例，應允許排隊搖號累計 5 年以上的無車家庭購買一輛車，或新能源車排隊 2 年以上的無車家庭購買一輛新能源車。其次，加大力度推動製造業、基建特別是新基建投資，特別加大具有乘數效應的基建投資。最後，要通過全球佈局，穩住外貿外資基本盤。

（4）以供給側為主線，狠抓數字經濟、科技創新和高端產業發展。堅持以供給側結構性改革為工作主線，增加有效供給，提高供給質量效率，加強醫療產業供給側結構性改革；對與美國貿易摩擦激烈的高技術、核心產業要加大技術投入和高端產業投資；大力促進數字經濟發展，應趁疫情期養成網上辦公、教育、購物等習慣，推動企業數字化轉型升級。加大促進數字經濟發展的供給側結構性改革政策支持力度。

（5）深化改革，擴大開放，防控疫情、金融、經濟風險。在美元崩塌之下，要在防控風險前提下，加強資本市場改革和開放，發展人民幣債券，增加外資持有人民幣，推動人民幣國際化。要加強聯防聯控，對內要紮牢債務風險、金融風險的敞口，做好壓力測試。要科學穩妥地推進刺激政策，尤其要汲取實施 4 萬億元刺激政策時的教訓，避免大水漫灌、一闌而上，留下後遺症。經濟復甦要分區域、分層級、分產業、分重點，統籌穩妥地推進；疫情防控必須落實到每個單位，築牢防火牆和金融安全網。

（6）加強互聯互通，高質量共建“一帶一路”。境外疫情發展導致全球幾十個國家進入了戰時緊急狀態，隔離封城封國引發經濟停擺、貨物斷供。有些國家與中國簽署了共建“一帶一路”合作文件。中國企業應主動走出去加強國際合作，高質量共建“一帶一路”。通過點對點加強成百上千的境外經貿合作區、產業園區、工業園區與國內互聯互通，在園區內生產，在無疫情的國內及海外倉向全球發貨。全球佈局企業，在歐美股市暴跌中，要瞅準時機該出手時就出手，針對技術性、戰略性、全球性公司進行投資併購。鞏固提升中國在全球產業鏈、供應鏈和價值鏈中的地位。

（7）危中有機，積極應對世界格局轉變。新冠肺炎疫情對全球化帶來短期衝擊，衝擊世界經濟社會秩序，這將加速美歐的衰落及其在全球戰略的收縮。適逢大選年，面對五花八門的對中國的“甩鍋”，既要保持戰略定力，又要主動有所作為。滄海橫流，方顯英雄本色，要防止美國為遏制中國崛起而藉機生事，充分利用 G20、金磚國家峰會、上合組織等加強國際合作，積極參與 WTO 改革。面對百年未有之大變局，苦練內功做好自己，加強國際合作，重塑世界新秩序，完善全球治理，抓住機遇轉危為機，實現中華民族的偉大復興，構建人類命運共同體。

防範新冠肺炎疫情引發
全球食物安全危機 [1]

樊勝根

中國農業大學經濟管理學院教授，聯合國增強營養運動（SUN）領導組成員，EAT-Lancet 可持續食物體系下的健康飲食委員會委員，世界經濟論壇全球未來食物安全和農業委員會委員，中國農業部專家組成員。曾任世界經濟論壇食品安全全球議程理事會主席、世界銀行顧問、聯合國糧農組織顧問、亞洲開發銀行顧問、美國農經學會中國委員會委員。研究領域：中國農業科研體系、農業生產率測度、公共投資優先序及其對減貧的作用、新型農業食物系統、中國經濟轉型等。

　　新冠肺炎疫情正在呈現新趨勢。雖然中國的形勢已有顯著改善，但越來越多的國家，特別是韓國、日本、意大利和伊朗，都出現了更多的新增病例。2 月 28 日，尼日利亞出現了首例確診病例，就在同一天，世界衛生組織將疫情全球風險級別上調至"非常高"。這一點令人擔憂，因為非洲大陸正在與另一威

① 合著者：司偉。

脅——沙漠蝗蟲作鬥爭,這可能會危及該地區數百萬人的食物安全。

一、全球食物安全已經面臨挑戰

新冠肺炎疫情是一場健康危機,但是如果不採取適當措施,可能導致食物安全危機。全球食物和營養安全已經面臨挑戰。據聯合國糧食及農業組織(簡稱糧農組織)的數據,全球已有超過8.2 億人遭受飢餓之苦,其中中國受飢的人數被糧農組織嚴重高估了。

由於缺乏適當的營養,世界各國有近 1.5 億兒童發育遲緩。過去三年來,由於衝突和難民危機、氣候變化和不平等加劇,許多國家飢餓和營養不良人數不斷增加,而這一狀況在中東和撒哈拉以南地區尤為嚴重。

艾滋病毒、埃博拉病毒和中東呼吸綜合徵等傳染病都對食物和營養安全造成了負面影響,特別是對弱勢人群:兒童、婦女、老年人和窮人。例如,當埃博拉疫情在 2014 年襲擊幾內亞、利比里亞和塞拉利昂時,這些國家的大米價格上漲了 30% 以上,木薯(利比里亞的主食)價格猛漲了 150%。

然而在中國,儘管 2003 年爆發了嚴重的非典,使冬小麥的收割推遲了兩週,並引發了廣東省和浙江省食物市場的恐慌,但並未對其餘地區的食物生產和價格產生大規模影響。

二、從以往應對疫情的經驗中學習

非典和中東呼吸綜合徵疫情對中國的經濟、食物和營養安全的影響相對較小，這主要歸功於中國應對突發事件的韌性和能力。新加坡、越南和加拿大等國也顯示出這種應急能力，因為它們擁有足夠的食物儲備，並且擁有連接國內和國際市場充滿活力的價值鏈。

但是埃博拉病毒對一些非洲國家的農業生產、銷售和貿易造成了巨大影響。在生產方面，由於道路阻塞，農民獲得種子、肥料和殺蟲劑等投入品困難重重，許多地區都面臨嚴重的勞動力短缺。以上因素綜合導致超過 40% 的農業用地未被耕種。至於營銷方面，農民無法將新鮮農產品運輸到當地和城市的市場。此外，由於無法向學校提供食物援助，學校的日餐項目被中斷。由於貨船船員因害怕被感染而拒絕前往這些國家，國際運輸服務被延誤或取消，進而導致貿易中斷。

三、如果各國食物市場再次陷入恐慌，食物價格將飆升

同樣，2008 年的食物價格危機也為我們上了寶貴的一課。這場危機是由澳大利亞和阿根廷的乾旱、石油價格上漲、用於生物燃料生產的糧食使用量增加以及貿易政策失靈造成的。這促使許多國家採取各種出口政策來限制食物產品的出口。

例如，原本不存在大米供應短缺問題，許多國家由於恐慌對大米出口徵收更高的稅，或者禁止大米出口。全球市場大米價格在六個月內翻了一番，導致大米貿易嚴重中斷，從而導致食物價格危機。如果本次新冠肺炎疫情下各國也陷入食物恐慌，對食物貿易和市場的衝擊規模會更大。

四、立即採取行動，預防食物安全危機

在新冠肺炎疫情下，為了確保所有人的食物安全，我們需要在全球和國家層面採取緊急行動。

首先，需要密切監測食物價格和市場。信息透明化將加強政府對食物市場的管理，防止恐慌，並指導農民做出合理的生產決策。為了遏制投機行為，政府應加強市場監管。

其次，有必要確保國際和國內的農業與食物供應鏈正常運行。例如，中國通過為新鮮農產品開闢"綠色通道"和嚴禁設置未經授權的路障，為當前疫情期間如何確保食物安全樹立了一個好的範例。

五、保持銷售增長的創新方法

電子商務和送貨公司也可以發揮重要的物流作用。例如，由於隔離措施增加了人們對送貨到家的需求，電子商務公司推出了一種非接觸式送貨服務，快遞員可以在方便的地點留下包裹以便顧客取貨，從而避免了人與人之間的互動。

首先，需要社會保障措施來保護受影響最嚴重和最脆弱的人群，尤其是兒童、孕婦和老人。這些措施可以採用現金或實物轉賬的形式（因時制宜、因地制宜、因勢利導很重要），同時由衛健部門進行干預。因為營養水平和死亡率有著錯綜複雜的聯繫，投資於弱勢群體的健康和營養措施可以降低諸如新冠肺炎等疾病的死亡率。在傳染病流行期後，社會保障對於推動重建也至關重要。

其次，需要更多的投資來建立更具韌性的食物體系。這種投

資必須來自各國政府以及國際社會，因為提高發展中國家預防或遏制食物安全危機的能力是一項集體努力。在當今高度互聯的世界中，非典、埃博拉、禽流感和新冠肺炎等傳染性疾病很容易越境傳播。

六、注重人畜共患病的防護

我們需要建立預防和控制人畜共患病的保障措施。國際社會需要採取更多措施，包括規範肉類、海鮮和野生動植物市場，以防止今後爆發如埃博拉、非典和禽流感這樣的人畜共患疾病。許多人畜共患病源於野生生物：艾滋病、埃博拉病毒、中東呼吸綜合徵、非典以及新冠肺炎，都源於野生生物並傳染給人類。

七、保持全球貿易開放至關重要

此外，確保全球貿易的順利進行也是重要的，同時也應充分利用國際市場作為確保食物供應的重要手段。世界貿易組織、糧農組織、世界銀行和國際貨幣基金組織等國際機構必須要求各國不要以新冠肺炎疫情作為發佈貿易保護主義政策藉口。

積極穩健應對疫情衝擊，
堅定改善外資營商環境

張曉濤

中央財經大學國際經濟與貿易學院
院長，教授、博士生導師，中央財經大
學國際投資研究中心主任。兼任國家社
科基金項目評審專家、中國貿促會專家
委員會委員、教育部普通高等學校本科
專業認證專家。

　　新冠肺炎疫情突如其來，已經對中國經濟、社會各個方面
產生了一定影響。其中，最不容忽視的是疫情對營商環境的影
響。近年來，中國營商環境建設取得顯著成就，世界銀行發佈的
《2020 年營商環境報告》顯示，2019 年中國營商環境全球排名從
2018 年的第 46 位躍升至第 31 位。由於近年來國內整體營商環
境大幅改善，中國的外商投資吸引力持續上升，由此也吸引了更
多外部高端資源加快向中國集聚，全面推動中國開放經濟不斷取
得新成就。儘管如此，中國與世界主要經濟發達國家以及部分新
興經濟體相比，國內營商環境尚有較大的改進空間。此次疫情，
無疑會對中國營商環境造成一定的影響，尤其要關注對外資的可
能影響。外資關於疫情對中國經濟的影響已經有了一定的預估，
近期部分外資機構也表明對中國市場中長期走勢仍較為樂觀。外

資以價值投資為主，更看重長期趨勢，因此外資並不會因短期的
疫情衝擊而大幅撤出中國市場。

2019 年 3 月 15 日，第十三屆全國人民代表大會第二次會議
審議通過《中華人民共和國外商投資法》，自 2020 年 1 月 1 日起
施行。《外商投資法》堅持以習近平新時代中國特色社會主義思
想為指導，是對中國外商投資法律制度的重要完善和創新，是外
商投資領域一部新的基礎性法律，必將對中國構建開放型經濟新
體制、推動新一輪高水平對外開放產生深遠影響。當前需要全面
落實關於新冠肺炎的防控措施，同時也要按照既定的擴大開放目
標，進一步優化外資營商環境，彰顯中國堅持對外開放的基本國
策、將改革開放進行到底的政治勇氣和歷史擔當。

一、全面推動政府職能轉變，打通外資營商環境建設的難點和堵點

優化外資營商環境需要以高定位、高標準推動政府職能轉
變，堅定不移地落實簡政放權，不斷打通各種難點和堵點。

一是明確政府與市場的邊界，既要充分發揮市場對資源的配
置作用，又要整治政府職能轉變過程中的 "亂作為" "不作為"
和 "假作為"。

二是嚴格落實權責清單制，明確劃分各級政府的權責範圍，
在權力下放各環節加強過程監督和事後評價，真正實現權力
下放。

三是加強公職人員思想建設、作風建設和履職考核，完善行
政問責機制，提升行政人員服務外資企業的效率和質量。

四是綜合運用大數據技術、人工智能技術和 "互聯網 +" 技

術，全面打造智慧型政務服務體系。

五是推動協同監管與社會共治，著力構建以政府為主導，行業協會、媒體以及社會公眾多方參與的外資企業信用約束和激勵機制。

二、以金融供給側改革為抓手，促進金融市場功能不斷完善

深入推進金融供給側改革，切實解決企業融資難、融資貴等問題。

一是以投融資體制改革為抓手，有序放開外資銀行以及外資擔保機構的市場准入，增加外資企業的融資渠道。

二是加快多層次資本市場發展和債券市場創新，圍繞產業鏈，鼓勵探索面向外資企業的股權融資、債權融資、銀行信貸和財政支持相結合的綜合融資服務。

三是鼓勵國資金融機構在解決外資企業融資需求方面對銀行信貸、融資擔保、企業發債、金融租賃、股權交易等融資業務開展全流程創新。

四是提高社會信用體系建設覆蓋面，建立健全社會聯合獎懲機制和信用信息共享機制，推動開發面向外資企業的信用評價數據產品。

五是建立健全全口徑跨境融資監管，推動自貿區開展新型外債管理模式探索和經驗推廣，著力簡化企業跨境融資項下的資本結售匯審批程序。

三、深化要素市場供給側改革，提高外資企業在要素分配和成果共享中的公平性

針對中國創新要素供給不足、關鍵要素支撐不強以及創新成果分配不均等問題提出以下建議：

一是加大全社會高等教育投入，增強高端人才的供給能力。

二是加強戶籍制度改革，進一步放開外資企業獲取人才戶籍指標的限制，提高外資企業在人才競爭中的吸引力。

三是加大對產學研協同創新的引導，鼓勵外資企業參與建設國際開放實驗室、世界產業創新聯盟、全球創新網絡等，通過技術合作推動形成新一輪科技引資熱潮。

四是建立健全科技聯合創新制度，對外資企業在聯合科技創新活動中的權力與責任予以明確，著力消除科技成果分配和科技成果轉化過程中的所有制歧視。

四、推動機制體制改革和加強立法，提高外資營商環境中的競爭公平性和政策確定性

一是全面推進經濟體制改革，著力加強要素市場、產權市場、流通市場等領域的管理體制改革和創新，消除資源配置中的制度性限制和歧視性做法。

二是以混合所有制改革為重心，綜合運用合資、合作、併購、參股、入股等方式引進外資參與國企改革和壟斷行業改革。

三是應用更為市場化的資源配置方式，在政府招標、政府採購、政府補貼等環節進一步增加外資企業參與競爭的機會。

四是提高外資營商環境的法治水平，尤其是通過立法的形式

對現有關於外資企業的相關法規和規章作進一步明確，切實提高外資營商環境中的政策確定性。

五、優化稅務營商環境，切實降低外資企業經營成本

一是進一步優化稅收結構，逐步降低企業增值稅稅率。隨著外資企業國民待遇的實施，中國已取消針對外資企業的稅率優惠，因此，通過整體性降低增值稅稅率水平，不僅有利於減輕雙重徵稅對生產環節的扭曲程度，也有利於降低內外資企業的生產經營成本。

二是構建集政策宣傳、繳稅申報、退稅申請、維權申訴等功能於一體的外資企業稅務服務平台，豐富稅收政策的宣傳形式和傳遞渠道。

三是建立健全外資企業稅務救濟服務體系，擴大稅務行政復議的受理範圍，提高外資企業參與涉稅聽證的比例。

四是加強外資企業納稅監控，加強對外資集聚行業和集聚區域的稅務調研，對於稅負上升的外資企業，稅務部門應及時主動開展"一對一"實地輔導。

六、突出抓好知識產權執法能力建設和政策宣傳，增強知識產權保護制度對於外資企業的保護效果

一是加強知識產權執法隊伍的執法能力建設和服務意識培養，主動深入外資企業開展現場調查或現場審理，對於中小外資企業提供必要的專家諮詢服務。

二是加強知識產權保護研究，尤其是要加強對"互聯網＋"、

電子商務、大數據等新業態和新領域中的外資企業知識產權的保護規則。

　　三是深化有知識產權保護的國家的合作和國際交流，借鑒國際先進經驗完善中國外資企業知識產權保護機制。

　　四是政府牽頭建設面向外資企業產權保護的專業性公共服務平台，集中加強對於知識產權登記、交易、維權和救濟等政策指引的宣傳，提高外資企業獲取知識產權政策的便利性。